Les Contes de l'Indicible

19 rue Saint-Séverin, 75005 Paris

ISBN : 978-2-35118-669-5

Jean-Baptiste Ponsot

Les Contes de l'Indicible

Illustrés par Baptiste Belleudy

COLLECTION DIRIGÉE PAR JOSÉ LE ROY

Almora
ÉDITIONS

Un charlatan spirituel

Que fait-on quand on n'a pas de dons et de problèmes d'argent ? On commence une carrière spirituelle.

C'est ce qu'un homme entreprit. Il n'avait pas encore fait grand-chose de sa vie alors qu'il avait toujours prétendu en faire beaucoup. Mais c'était un travailleur et il avait un penchant pour l'invisible. Il se mit donc à la tâche.

Après avoir lu tous les grands livres sacrés, les chants des origines, les témoignages des saints, les poésies mystiques, il se rendit compte que tous ces écrits arrivaient au même point : le mystère. Ce fut une révélation.

« En effet, se répétait-il sans cesse, tout n'est-il pas mystère ? Comment aller plus loin ? Plus loin que le mystère ?! » Et il éclatait de rire. Il devinait dans ce vocable sa fortune future.

Disons-le quand même, à force de répéter ce mot – comme on répète parfois un mot jusqu'à l'absurde – il se surprit à penser, non sans un frisson, que sa découverte pouvait n'être qu'un délire, mais il n'approfondit jamais cette pensée.

D'une part, parce qu'il pressentait qu'un tel approfondissement aurait mis du plomb dans l'aile de son avenir ; d'autre part, parce qu'il savait par expérience que trop penser empêche de bien gagner sa vie.

Et puis, faut-il le concéder à ce charlatan, il était fasciné par la perfection de sa découverte. Quoi de plus universel que le mystère ? Rien. Qui aurait pu le mettre en défaut ? Personne. C'était à la fois profond et imparable. Et – c'est surtout ça qui le ravissait – nouveau ! Il avait été tellement assommé, à travers ses lectures, par tous les dogmes, les rites, les lois, les exercices spirituels... Mais avec la religion du Mystère, rien à faire. Simplement Le reconnaître et lâcher prise. Quelle gloire !

Il ouvrit rapidement un ermitage où il organisait de grands rassemblements gratuits autour de cette nouvelle évidence. « L'argent n'est pas le problème », disait-il souvent, même si les dons étaient permis, voire salués.

Il appelait ses disciples ses frères.

Il s'exclamait :

— Le monde entier n'est-il pas mystère ?! Les fleuves, les arbres, le ciel ?! Qui pourra jamais dire qu'une chose n'est pas mystère ?!

D'ailleurs, ces phrases elles-mêmes ne sont-elles pas mystère ? – Il paraissait assez fier de cette dernière saillie dont il avait récemment pris conscience.

Ses prêches étaient implacables. Les dons abondaient. Il rassemblait de plus en plus de fidèles.

Après quelques mois, on venait de tout le pays écouter ce nouveau prodige, cet être qui libérait l'être humain de son savoir, de ses tracas, de sa lourdeur, sans jamais lui reprocher quoi que ce soit, ni exiger de lui quelque chose à faire.

On commençait également à voir des gens célébrer le mystère dans les plaines et les montagnes, d'autres le psalmodier comme un mantra au bord des lacs, d'autres encore revenir auprès de lui pour le simple plaisir de s'entendre rappeler fermement que rien d'autre que le mystère n'était réel.

Il s'énervait d'ailleurs dès qu'on osait prétendre l'inverse. Il trouvait très humaine, et pour ne rien cacher, assez révolutionnaire cette image du sage qui s'énerve.

Les dons devenaient des offrandes et pleuvaient au pied de son autel.

Il s'enrichit beaucoup, tellement qu'il se rendit compte, un matin, qu'il n'aurait peut-être pas assez de cette vie pour dépenser tout son argent. Il partit alors sans prévenir personne. On ne le revit jamais.

Que fait-on quand on n'a plus besoin de dons ni d'argent ? On achève sa carrière spirituelle.

Le mystère est la dernière idole.

LA VÉRITABLE DÉCOUVERTE D'UN DÉCOUVREUR

Pour la première fois en vingt ans, un physicien pouvait sortir de chez lui sans être assailli par les mille pensées qui l'avaient tourmenté depuis qu'il cherchait à démontrer sa perception révolutionnaire du monde.

Dès son adolescence, il avait commencé à se poser des questions aussi naïves que renversantes sur la masse, la lumière, l'énergie, et à remettre en cause l'essence des plus profonds phénomènes. Il n'acceptait pas non plus que l'espace et le temps fussent figés. Il les pressentait souples et libres. Il voyait la vie dans le mouvement.

« L'Univers respire ! » disait-il souvent.

Un esprit génial, mais plus faible, aurait abandonné ces visions géantes qui défiaient les lois physiques de son temps. Mais il avait cette force de caractère étonnante qui juge naturel de faire prévaloir son pressentiment de la vérité sur les données établies.

Et puis, n'était-ce pas le cœur même de la science que de provoquer les apparences ? Ne l'avait-on pas fait pour l'allure de la Terre ? Pour la chute des corps ? Pourquoi épargner la lumière ?

Au fond, il n'avait qu'une peur – la peur de tous les découvreurs intrépides –, c'est que ses intuitions ne fussent qu'un rêve et qu'un Dieu le menât par le bout du nez.

Il les mit alors toutes à l'épreuve de l'expérience, seul juge pour lui, et s'acharna à la tâche.

Il y laissa deux mariages, ne vit quasiment plus ses enfants, rompit avec l'université et la plupart de ses confrères – qui oublièrent soudainement que la connaissance n'avait jamais grandi que dans la controverse –, connut la pauvreté et, surtout, crut mourir d'épuisement tant sa pensée créatrice engageait son corps...

Jusqu'au jour que personne n'attendait plus où son héroïsme rencontra sa formule et convertit ses pressentiments en équations qui révélaient une compréhension inouïe de l'Univers.

Ainsi, il marchait dans la grande ville comme pour la première fois, léger comme un nouveau-né, et heureux – même si sa grande intelligence voyait depuis longtemps à travers les honneurs – d'être reconnu et salué, parfois même applaudi par d'innombrables passants car, à travers lui, on célébrait la science et le triomphe de la vérité.

À la fin du jour, quand l'effervescence se dissipa aux premiers signes du crépuscule, il prit congé de ses admirateurs et se dirigea vers un banc isolé sous un arbre, au bord du fleuve, où il avait souvent eu l'habitude de s'asseoir ces dernières années pour laisser errer son esprit après de longues heures de travail. Là, il profita du silence et contempla la ville.

Ce qui le frappa, c'est qu'en dépit de son nouveau statut, en dépit de sa découverte prodigieuse qui changeait la relation de l'Homme au monde, le monde, lui – en lui-même ! –, n'avait pas changé d'un pouce.

La grande tour était toujours aussi majestueuse et impassible ; le fleuve, qu'il aimait tant, coulait toujours devant lui avec la même indifférence ; les roses, qui respiraient à ses pieds, étaient toujours aussi fascinantes et mystérieuses ; quant au soleil, il s'effondrait toujours derrière l'énorme pont en fer avec la même gloire indicible.

Alors, d'un coup, depuis ce lieu impossible qui venait de saisir son formidable esprit, jaillit cette pensée :

« La vérité n'est pas plus vraie qu'autre chose. »

Ce fut sa véritable découverte.

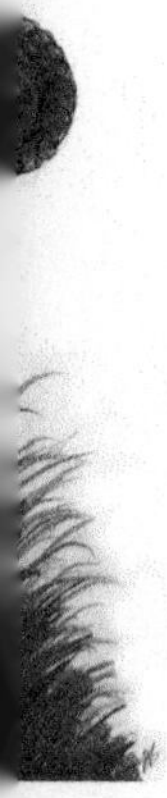

Logique divine

Un prêtre mourant eut une dernière volonté surprenante. Il ne voulait pas qu'on lui lût quelques pages du Livre d'Osée – son prophète favori –, ni qu'on rassemblât tous les enfants malades à qui il avait dévoué la fin de sa vie, mais qu'on fît venir son neveu logicien pour qui il avait, certes, de la tendresse – et en qui il pressentait même une forme de grâce –, mais qui était surtout connu pour être l'homme le plus incrédule, voire le plus iconoclaste de la ville.

Demandait-il cela parce que, malgré son incroyance, son neveu paraissait toujours dégagé et heureux quand lui, bien qu'il consacrât sa vie à Dieu, paraissait parfois inquiet et songeur, et que ce contraste avait toujours paru l'intriguer ?

L'histoire ne le dit pas. Elle se borne simplement à rappeler que la foi est inséparable du doute.

Toujours est-il qu'on souscrit à sa demande – à quoi n'aurait-on pas souscrit devant cet homme saint qui vivait ses dernières heures ? – et l'impie arriva.

Le prêtre le regarda alors avec toute l'intensité qui lui restait, lui prit solennellement la main et, la serrant, s'exprima ainsi :

— Mon cher neveu, je t'ai plusieurs fois posé la question et tu es toujours resté silencieux. Mais, vois, j'entends déjà battre les ailes des anges et je ne voudrais pas partir sans réponse...

Je sais bien que tu n'as jamais admis que la raison mais, avec le temps, n'a-t-elle pas fini par te mener à Dieu ?

Car il m'est devenu évident qu'aucun être humain ne peut connaître le bonheur sans reconnaître les Cieux. Ainsi, dis-moi, crois-tu en Dieu ?

Le logicien, qui avait calmement écouté son oncle, en répondant chaleureusement à la pression qu'il exerçait encore sur sa main, lui déclara :

— Mon cher oncle, ce n'est pas que je ne veuille pas te répondre, c'est que je n'ai jamais compris cette question car, de deux choses l'une : soit Dieu *est*, et il ne reste alors plus de place à l'Homme pour y croire ; soit Dieu n'est pas, et alors l'Homme se le représente, mais cette représentation est l'aveu même qu'il n'y croit pas.

Quand il finit sa phrase, la main de son oncle venait de lâcher la sienne. Et le visage du prêtre, délivré de ces pensées, n'avait jamais été aussi rayonnant.

Un profond séducteur

Un peintre avait deux astres dans sa vie : l'art et les femmes.

C'était un être lumineux dont le regard avait acquis – à force d'approfondir l'état poétique dans lequel il n'avait jamais cessé de vivre – cette grâce de percevoir la beauté dans les moindres phénomènes. « C'est splendide ! » s'écriait-il souvent, à l'écoute d'un vers sublime comme à la vue d'une simple feuille d'automne.

Quant aux femmes, elles étaient pour lui l'agrément le plus merveilleux de l'existence ; l'occasion pour l'homme de pouvoir s'enquérir de la complexité d'une fleur.

Il fascinait d'ailleurs beaucoup les femmes. Non par sa grande culture, ses manières raffinées ou son allure avantageuse – il avait un beau visage illuminé par des yeux bleus perçants et songeurs –, mais parce qu'il émanait de lui une virilité mystérieuse et qu'on pressentait, comme chez certains grands artistes, qu'il était le maître absolu d'un royaume impénétrable, qu'il habitait un empire inconnu.

Ce souffle infranchissable avait d'ailleurs eu raison de la majeure partie de ses histoires, car les femmes qui lui avaient fait l'honneur de lui tendre la main – c'était son expression et il l'employait sans fausse modestie – ne supportaient pas de ne pas pouvoir le délivrer de sa forteresse intérieure.

L'une d'elles pourtant, une princesse avec qui il aimait flâner dans les cimetières – c'était un de ses sports favoris, disait-il, avec la pêche aux trèfles à quatre feuilles –, s'épanouissait à ses côtés. Elle chérissait l'intérêt dégagé qu'il avait pour elle.

Et puis, elle était beaucoup trop distinguée pour se sentir offensée par la solitude du peintre. Au contraire, sa fascination pour lui était gratuite. Elle respectait autant sa lumière que sa profondeur, et demeurait sans attente, même si elle se surprenait parfois – mais jamais sans malice – à vouloir enchanter cet enchanteur.

Ainsi, ils vivaient une relation saine et libre, sans jamais avoir eu d'arrière-pensée l'un pour l'autre, se voyant seulement quand le ciel voulut qu'ils se vissent.

Un été, elle l'invita dans son château pour profiter des joies de la campagne et lui présenter son domaine.

Ils arrivèrent un soir, s'étendirent sur l'herbe à l'affût des étoiles filantes – dernier sport de notre peintre – et passèrent une nuit magnifique.

Le lendemain, en fin de matinée – l'air était doux et le jour glorieux – ils se tenaient ensemble sur le perron du château d'où s'étendait un horizon à perte de vue constellé de bosquets, de vallons, de collines, et ceint par une incommensurable forêt.

La princesse déploya alors lentement son bras gauche vers cet infini et, avec un naturel aristocratique parfaitement inimitable et beaucoup d'espièglerie, lui dit :

– Tout ceci est à moi.

Après un court instant, le peintre prit sa main dans la sienne et la pria de fermer les yeux. Elle s'exécuta.

– Que voyez-vous ? lui dit-il.

Elle ne répondit pas.

Il reprit :

– Tout ceci est à moi.

Deux gentilshommes

Un avocat et un juge, fort différents mais tout aussi intègres, étaient des amis de longue date.

Ils avaient tous deux une grande expérience et étaient arrivés à la poésie de leur métier.

Ainsi, ils prenaient parfois plaisir à confronter leur point de vue.

C'est ce qu'ils firent, une fin d'après-midi, autour d'un thé, à la demande de l'avocat qui voulait partager à son ami une vision de la justice qu'il estimait inouïe, et qui pourrait réformer – du moins l'espérait-il – leur domaine respectif.

Après quelques palabres, l'avocat ne se fit pas attendre et s'adressa au juge avec une certaine émotion :

– Mon cher ami, j'ai longtemps hésité à vous parler de ce sujet car je crains que nous divergions radicalement – mais enfin, n'est-ce pas la gloire de l'esprit humain que de pouvoir diverger avec son prochain en bonne intelligence ?

Le juge acquiesça.

– Voilà, bien que j'aie longtemps gardé une certaine mesure sur cette perspective, je l'assume aujourd'hui et tiens pour une évidence l'innocence de l'Homme, même quand il est coupable.

Comprenez-moi bien, je ne dis pas que Mathilde n'a pas tué Saturnin, ce serait insensé...

Le juge sourit – c'était une célèbre affaire de leur époque.

– Je dis que, profondément, Mathilde est innocente.

Croyez-moi, tout au long de ma vie, j'ai cherché le libre arbitre, j'ai remonté le fil, mais jamais je ne suis tombé, sur des centaines d'affaires, sur un homme ou une femme qui m'ait déclaré que sa volonté fût d'être bandit, violeur ou criminel...

Nous nous nommons êtres humains et, partant, nous croyons être l'auteur de nos actes, mais en vérité, nous sommes des planètes, et des devenirs incommensurables convergent dans la folie de chaque assassin.

C'est l'histoire de l'arbre qui tombe sur une cabane. Est-ce vraiment l'arbre le coupable ? Ou bien est-ce la tempête qui l'a déraciné ? Ou le vent lui-même ? L'atmosphère peut-être ? Ou encore la Terre ?... Où s'arrêter ? Car même l'Univers demeure un mot et n'explique rien...

Mais un homme peut se contrôler, ça n'est pas un arbre ! s'indignera-t-on. Malheureusement non.

Je ne dis pas qu'il ne faille pas le penser, s'en convaincre, le promouvoir même – c'est une croyance civilisatrice et il me semble essentiel de toujours favoriser le *possible* –, je dis qu'au niveau de l'acte, du drame lui-même, du crime enfin, si vous regardez l'ensemble de l'événement, les circonstances, les conditionnements en jeu, le niveau d'intelligence des caractères – et j'ai passé ma vie à le faire –, la tragédie antique a déjà tout dit et ça n'aurait jamais pu se passer autrement.

Seulement, percevoir la parfaite innocence de l'Homme est aujourd'hui encore insupportable à nos consciences.

Nous sommes des juges en puissance, nous préférons condamner que de comprendre, nous voulons des coupables, car innocenter le mal signifierait non seulement qu'il est à l'intérieur de nous – ce que la morale nous a toujours appris à dénier –, mais surtout reconnaître que le mérite est un leurre, et notre scandale suffirait à prouver que nous ne sommes jamais allés vers la lumière avec une âme d'enfant.

Le juge demeurait inflexible, mais paraissait touché.

— Maintenant, reprit l'avocat, jouons un instant et faisons prévaloir la perspective traditionnelle, tout en gardant à l'esprit que l'Homme n'aurait jamais pu faire autrement ; comment pouvez-vous encore le juger ?

Sachant qu'isoler une cause dans la trame ininterrompue du temps n'est qu'une illusion de notre langage, que tout s'enchaîne de l'araignée à l'étoile, comment pouvez-vous encore faire résonner votre marteau et condamner ?

Le juge resta silencieux.

— Pardonnez-moi de vous pousser dans vos retranchements, mon cher ami, d'autant qu'au fond de moi, je n'ai pas la réponse non plus, c'est simplement une question qui me hante de plus en plus et qu'il va finir par falloir se poser.

Car nous en sommes encore au Moyen Âge avec toutes ces accusations *ad hominem* qui sévissent dans nos tribunaux, avec ce poids de la faute, du remords et du regret qui ronge les cœurs sans jamais les soigner. Et je pressens qu'un jour, les hommes se diront qu'ils ont cru en la culpabilité avec le même effarement qu'ils se disent aujourd'hui qu'ils ont cru à l'Enfer.

Le juge l'avait écouté attentivement et avec intérêt.

Il prit la parole à son tour et lui répondit :

— Mon cher ami, je suis vraiment heureux que vous m'ayez partagé cette perspective fondamentale, car c'est un sujet qui m'a également préoccupé pendant des années. Et il m'est souvent arrivé de me demander si l'homme qui se trouvait devant moi était, en dépit de toute justice, essentiellement coupable.

Mais, avec le temps, j'en suis arrivé à la conclusion inverse de la vôtre ; je veux dire qu'à mon sens, l'Homme, s'il est reconnu coupable, le demeure, même s'il est profondément innocent.

Comprenez-moi bien, je ne dis pas que lorsqu'on élargit le champ de vision et qu'on regarde l'événement dans son ensemble, on ne soit pas amené à une sorte d'aporie.

D'ailleurs – et là-dessus, je vous rejoins –, si nous recherchons la source de nos goûts, de nos passions, de nos penchants, nous ne trouvons pas de libre arbitre mais une émotion, ou plus froidement un constat. Je n'ai, par exemple, jamais su m'expliquer mon amour pour les pékinois ; je vois bien que ces chiens sont ridicules, mais enfin, que voulez-vous, ils me touchent...

Ils eurent un éclat de rire. Et le juge reprit :

— Mais là où nous divergeons, c'est que si cette perspective absolue – que vous illustrez d'ailleurs fort bien par les limites de la loi de cause à effet – est indéniable pour un esprit rigoureux, elle n'en demeure pas moins une perspective, car d'un point de vue relatif, pardonnez-moi, mais Mathilde est bien coupable d'avoir tué Saturnin.

L'avocat eut un léger soupir malicieux.

– Oh ! Ne croyez pas que je ne vous ai pas entendu, mon cher ami. Je sais ce que vous pensez. Vous allez me dire que l'absolu coiffe le relatif, que du point de vue de Sirius, personne n'a tué personne, qu'on ne peut pas isoler un auteur, ni condamner une planète...

Certes, et une fois de plus, je vous le concède ; mais pourquoi ce point de vue devrait-il prévaloir ?

Pourquoi le point de vue absolu devrait-il prévaloir sur le point de vue relatif ? Il a sa place, bien sûr, sa grandeur même, et il est – je le reconnais volontiers – assez révolutionnaire au niveau de l'âme humaine. Mais, en ce qui concerne la justice, êtes-vous sûr qu'il soit encore idoine ?

À mon sens, c'est plutôt un des grands mérites de l'Homme que de pressentir sa culpabilité, que de vouloir être l'avocat des victimes, et de bénir l'innocence à travers l'illusion de l'innocent, comme de maudire le mal à travers l'illusion du méchant.

Car je ne suis pas dupe, je sais bien qu'il demeurera toujours une part d'injustice, d'injustifiable, d'arbitraire même dans cette perspective.

L'avocat secoua légèrement la tête en signe de désaccord.

– Perspective archaïque, pensez-vous ? Allons alors dans votre sens et faisons un instant prévaloir votre point de vue. Que se passe-t-il ? C'est la jungle.

Or, ne croyez-vous pas qu'une société où le meurtre deviendrait possible à chaque coin de rue serait encore plus inique qu'une société où l'on condamne des êtres *profondément* innocents ?

Et vous, sensible comme vous l'êtes, vivant dans cette jungle, ne croyez-vous pas que vous regretteriez cette société où l'on condamnait encore les coupables pour leurs forfaits, même s'ils ne les avaient pas *métaphysiquement* commis ?

La justice est imparfaite, bien sûr, mais il me semble qu'il y a des lois immuables que mille ans d'approfondissement de la conscience ne changeront pas, car elles proviennent d'une espèce d'ordre cosmique qui nous gouverne tous depuis la balance des âmes des Égyptiens ; et si je peux encore donner mon coup de marteau sans trembler, ce n'est pas parce que je prétends connaître la vérité – votre perspective est parfaitement défendable de son point de vue – mais parce qu'au niveau de la raison, le point de vue relatif m'apparaît absolu.

Ils se regardèrent tous deux avec une admiration respectueuse, se resservirent du thé et poursuivirent sous doute la discussion. Mais l'histoire s'arrête malheureusement ici.

Qui pourra jamais dire lequel de ces deux gentilshommes avait raison ?

Le philosophe et la pierre

Dans le calme d'un beau crépuscule d'été, un philosophe s'était isolé sur un mont pour réfléchir – aurait-il été sinon philosophe ? – sur le sens de la vie.

Mais devant l'horizon magnifique qu'il surplombait, il avait rapidement abandonné ses pensées et s'était laissé saisir par l'atmosphère mystérieuse qui vibrait dans chaque parcelle du paysage, par ce vertige d'être que lui rappelait le silence des arbres, par cette béance infinie dans laquelle dansaient les oiseaux...

Quand il revint à lui, son regard s'arrêta sur une simple pierre qui était à ses pieds. Il l'examina quelques instants avec une pointe de pitié – teintée d'un fond de ressentiment – et prononça ces paroles :

— Ah ! si j'étais comme toi, pierre parmi les pierres, je ne me poserais plus aucune question, je ne ferais qu'un avec le monde ! Mais vois, ma sensibilité s'y oppose, je respire, j'entends, j'existe, et la rançon de cette gloire est de ne jamais pouvoir vraiment s'y confondre...

Ah ! quel destin que celui de l'homme ! N'être rien et tout à la fois, n'avoir la grâce de la vie vivante que par le sombre savoir de la mort, et pourtant, continuer à aller de l'avant sans relâche pour célébrer ce déchirement qui nous révèle autant qu'il nous accable...

Et le philosophe contemplait orgueilleusement l'horizon, se consolant de ce destin sublime en songeant qu'il était la seule créature de l'Univers à pouvoir méditer sur ces gouffres – et il était effectivement la seule ! – mais sans percevoir que tout ce qui avait jamais été vivant en lui ne

faisait déjà qu'un avec cette pierre, le silence des arbres, la danse des oiseaux, le monde enfin, et que le sens de ses paroles n'avait d'existence que dans le rêve des hommes.

Le prince et la paysanne

Un prince volage mais profond était secrètement amoureux d'une jeune paysanne, et n'osait lui déclarer sa flamme, pas même l'approcher, car bien qu'il n'eût rien à envier à sa jeunesse et qu'il fût fort aimable, elle ne le voyait pas.

Enfin, elle le voyait quand il promenait sa grande silhouette à cheval à travers son domaine, mais sans le voir – vertige pour un prétendant.

Qu'elle ne fût pas séduite par son apparence, le prince l'eût admis volontiers, mais sentir, même quand il croisait son regard, qu'elle ne reconnût pas son âme, sa profondeur, son humanité...

Sans qu'elle le sût jamais, il comprit dans sa chair, à travers le naturel de cette indifférence, l'injustice des grands envers les humbles, le secret de la tragédie antique et la cruauté du règne animal.

Pourtant, il continuait à voir le ciel en elle. Il respirait la vie dans l'éclat de ses yeux, adorait son enthousiasme terrien et, derrière sa rudesse, pressentait la grâce, la douceur, la maternité. Elle pourrait être la mère de mes enfants, s'était-il même surpris à penser un jour – formule formidable pour un homme de sa condition – bien qu'il n'eût jamais le désir de fonder une famille.

Il aurait pu la forcer – nombre de seigneurs donnaient l'exemple – mais c'était un homme sensible et délicat, prince de cœur plus que de naissance, et il serait mort d'avoir contraint une femme à l'épouser.

Il retourna donc à ses banquets et se consola auprès de conquêtes plus attentives.

Peu après, il apprit qu'elle venait de se marier avec un marchand d'étoffes du bourg qui ceignait son domaine – bourg dont il remarquait d'ailleurs qu'il s'étendait de plus en plus –, et il sourit amèrement d'apprendre qu'on pût être rendu invisible par un tapissier.

Là encore, un de ses pairs eut sans doute occis l'importun, mais son honneur lui défendit de ne rien entreprendre. Le ciel avait tranché.

Cependant, la curiosité le poussa à se déguiser pour rendre visite à l'élu et pouvoir l'estimer loyalement.

Il rencontra un bon bourgeois, énergique, responsable, pratique jusqu'à l'âme enfin, et qui voyait chez tous ses clients – ce fut son cas – l'acheteur avant l'homme.

En conversant avec lui, il se dit intérieurement : « Si de tels hommes dirigent un jour le monde, le ciel ne sera plus qu'un symbole, la poésie un délire, la profondeur un affront... »

Quand il aperçut la paysanne à l'arrière de la boutique, qui le salua à l'instar des autres clients, son cœur s'effondra. Elle était rayonnante et attendait un enfant.

L'air de rien – son flegme lui aurait permis de loger l'enfer sans ciller –, il prit congé du marchand, enfourcha son cheval et partit au galop.

Il erra toute la nuit pour conjurer la boule de feu qui trouait son estomac. Et, à l'aube, se jura de l'oublier. Il tint sa promesse.

Il la revit cependant de nombreuses fois, à travers maintes occasions. Elle paraissait toujours aussi heureuse. Lui poursuivait sa vie de faste, d'émerveillement et de conquêtes. Il ne vécut d'ailleurs pas si malheureux.

Mais, jusqu'à sa mort, il lui en voulut de ne pas avoir eu l'intelligence de voir qu'il était un prince.

Quant à elle, elle ne lui en voulut jamais de ne pas avoir eu l'intelligence de voir qu'elle était une paysanne.

L'ENCHANTEUR

Un enchanteur parlait à l'orée d'un village.

C'était d'ailleurs tout sauf un enchanteur, enfin tout sauf l'idée qu'on pouvait s'en faire. Il semblait provenir d'un abîme, avait une allure spectrale et un regard terrible. D'aucuns disaient même que c'était un ancien tueur. Hormis cela, on ne savait rien de lui – et on ne voulait rien savoir.

Toujours est-il qu'il avait l'habitude de venir chaque dimanche sous un chêne pour échanger avec les villageois sur la perfection du monde.

Au début – personne n'aurait pu dire quand il commença ses causeries – il y avait très peu de monde autour du grand arbre. Mais sa gratuité manifeste et le merveilleux parfum de liberté qui se dégageait de ses paroles firent qu'au bout d'un moment tout le village s'y réunit.

Il disait souvent, de sa voix douce et apaisante qui conjurait le gouffre de ses yeux : « Si votre joie n'est pas absolue, c'est que vous rêvez encore. »

Beaucoup de rêveurs s'épanchèrent.

Car si personne ne l'approchait en privé – il disparaissait d'ailleurs miraculeusement après avoir parlé –, chacun s'abandonnait à lui en public. On sentait dans ses réponses les problèmes devenir soudainement impossibles.

Pourtant, il ne considérait jamais les plaintes ; il révélait simplement leur inanité.

« Vous êtes parfaits tels que vous êtes, toujours, les drames n'existent que dans les miroirs », disait-il encore.

C'était l'homme-destin, en somme. Et un destin supérieur, un destin sans trame, la quintessence du destin, car il ne ramenait jamais ses auditeurs à une histoire, mais au silence.

Un jour, un jeune homme, que les paroles de l'enchanteur touchaient intimement et qui sentait en sa présence ses plus profonds pressentiments s'épanouir, voulut aller à sa rencontre en dehors de la causerie pour lui témoigner son admiration.

Il le talonna à la suite de la réunion, s'arrêta devant lui, et lui déclara avec autant de précipitation que d'innocence :

— Vous avez tout compris ; ce que vous dites est prodigieux ; vous êtes un enchanteur !

Et comme l'enchanteur ne répondait pas et que le jeune homme rêvait d'entendre au moins un mot de sa part qui lui fût adressé personnellement – comme un adolescent rêve d'entendre un conseil d'un être qu'il révère –, il ajouta un peu bêtement :

— Quel est votre secret ?

L'enchanteur, qui lisait le cœur des hommes, pressentit son vœu au-delà de sa maladresse et, en le regardant profondément – le jeune homme fut d'ailleurs surpris de voir que ses yeux ténébreux étaient perlés de fines larmes – avec une extrême douceur, lui répondit :

— Il s'agit de ne s'adresser ni à l'âme ni au corps.

Et il repartit dans son abîme.

La deuxième dimension

Dans une contrée inconnue, des Dieux vivaient parmi les hommes. On les reconnaissait à une sorte de lumière qu'ils portaient sur le front – *l'éclat*, disait-on – et parce qu'ils semblaient toujours ailleurs, comme animés par une autre source, bien qu'ils évoluassent dans notre monde et qu'ils eussent tout de l'apparence humaine.

Certains leur parlaient, leur demandaient des conseils ou recherchaient tout simplement leur présence ; d'autres les fuyaient, craignaient leurs paroles et redoutaient leur énergie dégagée de tout souci terrestre. On avait d'ailleurs vu plusieurs êtres humains perdre la tête après un temps trop long passé en leur compagnie.

Un homme d'âge mûr, un érudit, qui avait consacré sa vie à la connaissance et était parvenu aux plus hautes cimes de l'esprit, à ce que certains nomment l'« éveil », s'était profondément lié à l'un d'eux.

Ils prenaient plaisir à faire de grandes promenades métaphysiques où ils conversaient sur les croyances des hommes, leur enchaînement éperdu au devenir, leur oubli de la liberté originelle de l'être.

Un soir, alors qu'ils déambulaient dans un faubourg, l'érudit demanda à son acolyte s'Il pouvait exaucer un de ses souhaits les plus chers. Il rêvait – et se sentait enfin prêt à le faire après un demi-siècle passé au service de la vérité – de vivre dans le regard d'un Dieu.

Le Dieu qui, comme tous les Dieux, devait parfois se défendre d'enserrer un mystère – car s'Il parlait souvent de choses divines avec l'érudit, Il lui avait également assuré qu'il n'y avait, en définitive, absolument rien à dire à ce sujet – vit là une bonne occasion de le lui prouver et accepta.

En un claquement de doigts, l'homme se retrouva dans le regard du Dieu.

Et quelle ne fut pas sa déception... Rien n'avait changé. Il ne voyait pas plus de détails ni de couleurs, il n'y avait pas plus d'éclat ou de splendeur, il ne semblait pas avoir gagné quoi que ce soit, au contraire, il se sentait dépouillé.

Il ne parvenait même pas à retrouver ce silence incomparable, cet état de plénitude, ce goût de Dieu qu'il avait parfois vécu lors d'extases fugaces et qu'il espérait revivre ici durablement.

Certes, il avait bien l'impression d'un dégagement, le monde était plus neuf, plus étranger, plus indicible, mais ce qui le surprenait, ce qui lui était même désagréable, c'est qu'il ne pouvait rien faire de ce renouveau car il ne trouvait plus aucune teneur aux choses.

C'était comme s'il était passé de la troisième à la deuxième dimension. Il avait perdu la profondeur.

L'Arc de triomphe qui magnifiait le quartier était toujours aussi sublime, mais le sublime n'avait plus pour lui aucun poids, pas plus que la vulgarité d'une affiche de théâtre de boulevard qu'il avait vue dans la matinée et dont l'image remontait soudainement à sa mémoire. Le sublime et le vulgaire existaient bien pourtant, mais vides d'eux-mêmes.

La connaissance n'accrochait plus.

Il le constatait avec tout ce qui l'entourait ; les inflexions criardes des commerçants, qu'il détestait tant, comme l'odeur boisée des châtaignes qui grillaient sur un poêle, qu'il aimait tant, tout demeurait distinct, mais égal.

Le jugement ne pénétrait plus.

Et quand il tenta de reprendre ses esprits en pensant orgueilleusement à tous les chefs-d'œuvre qu'il avait lus, aux Évangiles, aux odes mystiques, aux chants éternels, à la Parole enfin, il ne parvint pas non plus à lui trouver aucune valeur. Elle existait toujours, bien sûr, en tant que Parole, mais pas plus – ni moins d'ailleurs – que le lampadaire qui venait de s'allumer au coin de la rue.

Le sens n'agissait plus.

Tout tombait sous ce regard impossible. Sa gnose, sa lumière, sa conscience, qu'il avait mis une vie à rejoindre et dans lesquelles il pressentait son salut, n'avaient plus aucune réalité.

« Serait-il possible que je n'aie fait que rêver le monde durant toute mon existence... ? » se surprit-il à penser, et il s'arrêta là tant cette question semblait déjà l'accabler.

Le Dieu – omniscient comme tout Dieu qui se respecte – ressentit son accablement, et par une espèce d'opération fantastique qui dépasse l'entendement humain, Il parla à l'esprit de l'homme qui était dans son esprit pour lui demander s'il voulait s'arrêter là.

L'érudit, doublement abattu, et de sentir qu'il n'avait pas compris l'expérience, et d'imaginer qu'il pouvait décevoir un Dieu – déception inédite dans l'histoire de la déception – lui répondit en tremblant par l'affirmative.

Instantanément, il retrouva la profondeur du monde et la puissance de son esprit.

Et le Dieu sourit à l'idée que l'homme puisse encore penser qu'Il savait quelque chose de plus que lui.

L'ESSENCE DE L'ART

Un grand professeur, qui avait tenu une importante chaire de littérature dans son pays, fréquenté les intellectuels les plus illustres de son temps, et passé ses journées à approfondir le théâtre, la poésie et l'art du roman – la pensée en somme –, vivait sereinement sa retraite dans son cottage.

Bien qu'il fût marié avec une femme qu'il aimait infiniment, qu'il eût de beaux enfants et voyageât dans le monde entier, il devait également son bonheur à l'intelligence qu'il avait eue de percevoir très tôt le gouffre qui séparait les hommes de culture capables de comprendre les grands chefs-d'œuvre de la pensée humaine et les hommes de génie capables de les créer.

Ainsi, il avait acquis la conviction que la joie des premiers ne résidait pas dans la vaine tentative d'imiter les seconds, mais dans la résolution de se faire leurs serviteurs en partageant au plus grand nombre, à travers leur legs, la grandeur de l'esprit humain.

Ce qu'il fit toute sa vie.

Cependant, au-delà de cette existence heureuse, un événement le hantait depuis toujours et semblait planer comme une ombre sur les cimes raffinées de son esprit.

Au début de son professorat, il avait connu la guerre, l'humiliation, des années inhumaines dans ce qu'il estimait être l'un des pays les plus civilisés du globe. Pourtant, au sommet du mal, quand l'un des plus grands pianistes de son époque était venu jouer son plus beau concerto à l'opéra de la ville, *la musique ne s'était pas arrêtée.*

Et c'était, pour lui, comme une tache de sang sur le voile sacré de l'art auquel il avait décidé de dédier sa vie. « À quoi bon servir la plus haute culture, s'était-il interrogé durant cette période – et cette interrogation avait failli avoir raison de sa vocation –, si elle fermait les yeux devant la barbarie ? »

Un soir, alors que le grand professeur lisait de grands poèmes au coin du feu – car tous les grands professeurs lisent de grands poèmes au coin du feu –, cette blessure revint à son esprit : « La musique ne s'est pas arrêtée »... et il resta songeur.

Il fut sorti de son songe par son majordome qui venait lui apporter sa tisane. C'était un homme à peu près aussi âgé que lui, délicat, taciturne, mystérieux, dont l'allure – bien au-delà du maintien qu'imposait sa fonction – dégageait une indicible autorité.

Le professeur, qui conversait pourtant rarement avec lui, voulut lui faire part de ce qui le traversait et dont il ne s'était jamais vraiment ouvert à personne.

— Oui, voyez-vous Alfred – car tous les majordomes s'appellent Alfred –, « La musique ne s'est pas arrêtée »...

— Heureusement, répondit calmement Alfred.

Surpris, le professeur demanda au majordome de s'expliquer.

Alfred poursuivit :

— Monsieur n'est pas sans savoir que la plus grande partie de ma vie est maintenant derrière moi. Ainsi, j'ai pu m'adonner à quelques examens dernièrement, notamment à propos de ceux qui furent mes maîtres. Et j'ai pu constater deux catégories parmi eux.

Les bons maîtres – que monsieur veuille bien me passer cette catégorisation quelque peu triviale –, même quand ils étaient très élevés dans la société, ne se prenaient jamais pour des maîtres. Mais ils tenaient leur rang avec une telle évidence, un tel naturel – un peu comme les animaux tiennent le leur dans le règne animal – que chaque chose, en leur compagnie, retrouvait sa place sans qu'il demeurât le moindre espace pour se dire que cela pût être autrement. On sentait auprès d'eux une espèce d'harmonie invisible à laquelle chacun participait, selon sa fonction, sur fond de silence.

Tandis que les mauvais maîtres – qu'ils fussent princes ou banquiers – se prenaient vraiment pour des maîtres. Partant, ils supplantaient le silence par la comédie en vivant leur état dans une sorte d'ascendance ostensible ou d'affectation déplacée, dans une théâtralité excessive en somme. On éprouvait ainsi en leur présence cette sensation désagréable d'être constamment rappelé à sa condition.

Le professeur l'écoutait avec intérêt.

– Eh bien, humble amateur d'art, j'ai pu remarquer le même phénomène chez les artistes. Les grands poètes que j'ai pu lire ont toujours eu cette grâce, ce pouvoir de décrire le monde tel qu'il est, sans jamais vouloir le sauver ni le maudire, si bien que ce qu'ils dépeignaient n'avait plus aucune importance – que ce fût l'histoire de reines ou de ronds-de-cuir – car ce que l'on percevait à travers leurs œuvres, c'était ce fatum désarmant qui nous réconciliait avec le monde et nous ramenait à nous-mêmes.

À rebours, les mauvais poètes, souvent philosophes – que monsieur veuille bien m'acquitter de ce trait, mais j'ai toujours considéré les philosophes comme des poètes ratés –, recouvraient le monde de leur savoir, ils prétendaient dire quelque chose, ils avaient un message en somme, si bien qu'ils réveillaient en nous l'inachevé, nos révoltes imaginaires, en nous laissant dans une sorte de hiatus irréconciliable avec la vie qui nous rappelait la misère du genre humain.

Ainsi – que monsieur veuille bien me pardonner cette trop longue digression...

Le professeur était absorbé.

— Si la musique s'était arrêtée, elle aurait prouvé par cet arrêt qu'elle n'était pas la musique, car elle se serait découverte, elle serait sortie d'elle-même, *elle aurait voulu dire quelque chose*, comme les mauvais maîtres ou les philosophes, elle aurait trahi l'art enfin dont l'essence même, à l'image de l'Infini – serait-ce encore l'Infini s'il se dévoilait ? –, est de ne rien pouvoir dire.

Oserais-je dire à monsieur qu'elle aurait participé à la barbarie, car il me semble que dès que l'on associe l'art à une valeur, si sublime soit-elle, il ne peut qu'engendrer la séparation et la discorde par cette valeur même.

Combien d'exemples malheureux ne connaissons-nous pas à travers l'histoire...

D'ailleurs – et monsieur le sait mieux que quiconque –, n'est-ce pas depuis que l'ère industrielle veut assigner une fonction à l'art qu'il a perdu sa dimension sacrée ?

Quand le majordome finit sa réflexion, le professeur avait les larmes aux yeux. Un malentendu qui l'avait tourmenté pendant plus de quarante ans venait de s'effondrer.

Ébloui, il félicita chaleureusement Alfred pour la profondeur de sa vision – il avait cette grandeur d'âme de reconnaître l'intelligence et la beauté, d'où qu'elles vinssent – et, avant que le majordome ne prît congé, il lui demanda avec gravité :

— Ai-je été un bon maître ?

Alfred le regarda. Puis, avec son flegme habituel, il lui répondit :

— Impeccable, monsieur, voilà pourquoi votre formule m'a surpris.

Le métaphysicien

Un jeune facteur faisait partie de ces êtres humains qui ont un métier moins important que leur passion.

Non qu'il n'aimât pas prendre sa bicyclette tous les matins pour distribuer le courrier aux habitants du canton – au contraire, quelque chose le séduisait dans ce rituel – mais enfin, il exerçait surtout ce métier car il venait d'un milieu populaire, qu'il devait gagner sa vie, et que ce travail matinal lui permettait de s'adonner à sa passion tous les après-midi.

Cette passion, c'était la métaphysique. Ce facteur ne pouvait s'intéresser à un domaine sans comprendre son fondement, sans remonter à ses principes, sans pénétrer sa cause. Il était fasciné par les origines.

Il estimait qu'on ne pouvait loyalement participer au monde sans avoir exploré sa nature ou interrogé sa substance.

« Comment peut-on s'arrêter aux apparences ? » s'étonnait-il souvent.

Car le monde, pour lui, n'était pas le voile dont le recouvraient les hommes, mais le monde comme tel, le « Il y a » des sages, celui qui échappait à la mesure.

Il s'était d'ailleurs lancé dans le projet de sa vie : écrire enfin une véritable histoire des origines de l'Univers pour en finir avec les apories de la théologie et de la science.

« Dieu est improuvable et la matière est morte, nous nous sommes trompés quelque part », c'était sa conviction.

Il pressentait qu'on n'avait pas tout dit, qu'il y avait une erreur à dénoncer, une grande vérité à découvrir. Et il s'en sentait apte, même destiné.

« Un jour, ils verront », s'était-il promis.

Car notre facteur voulait également, à travers ce projet, montrer à ses collègues ce dont un esprit profond était capable. Sa passion les avait toujours fait rire au bureau de poste, parfois même inquiétés. On le surnommait d'ailleurs – non sans ironie – « le métaphysicien » ou « le rêveur ». Et il avait comme une revanche au cœur.

Revanche lumineuse, il était trop spirituel pour croire en la malice de l'Homme ; il n'en voulait à personne. Mais il rêvait de leur prouver qu'il existait d'autres dimensions, que le mot ne pouvait circonscrire la chose, que les apparences n'étaient qu'un filtre jeté sur le mystère.

Et puis, il y avait la belle Euphrosine, la fille du médecin, à qui il apportait tous les matins le courrier. Elle le saluait chaque fois aimablement, mais sans vraiment faire attention à lui, et bien qu'il ne le confiât jamais à personne, il en était meurtri.

« Peut-être me regardera-t-elle enfin, se disait-il parfois, si je révèle l'envers du monde... »

Ainsi, il s'acharna sur son projet. Il lut tout ce qu'il pouvait lire, en science, en philosophie, en théologie, quand bien même ce lui fût parfaitement étranger – il voulait être sûr de tout savoir et son esprit était aventureux. Il confronta les cultures, alla écouter des maîtres spirituels aux quatre coins du pays, se perdit même dans ce qu'il fut bien obligé d'appeler, après coup, une secte...

Et tous les matins, il reprenait son vélo, pédalant comme un fou pour se hâter de retrouver ses livres et son établi, et tenter de résoudre *l'énigme*.

On l'apercevait parfois au loin, allant et descendant sur les collines du canton, voltigeant comme un forcené, la tête en avant et le regard fixé à l'horizon, comme perdu dans un rêve...

Car il ne vivait pas. Il pédalait et travaillait, comme s'il devait conjurer ce monde auquel il ne pourrait participer que lorsqu'il l'aurait remis sur pied ; comme un nouveau Colomb, en somme, qui ne pourrait s'arrêter et retrouver le calme de son esprit que lorsqu'il entendrait crier : « Terre ! »

Il eut un seul réconfort durant toutes ces années, un vieux postier avec qui il bavardait parfois dans l'entrepôt, en fin de matinée, et qui l'avait toujours encouragé dans son rêve.

— Il faut aller au bout de ce qu'on pressent, disait l'ancien, ainsi, va, persévère, c'est magnifique ce que tu fais ! Tu as le feu, petit, je crois en toi.

Comme ça le touchait...

— Et puis, ajoutait toujours le vétéran : quand tu auras fini, tu verras, il reste la vie.

Formule qu'il ne fut jamais sûr d'avoir comprise...

Enfin, un jour, ce jour qu'il avait tant attendu – car ce jour arrive inéluctablement lorsque les rêves proviennent des profondeurs –, il résolut *l'énigme*.

Quelle histoire ! C'était si bête... un simple malentendu... Il avait cherché l'origine d'un Univers qui n'existait que dans son esprit... l'origine d'un mot en somme !

Non que rien ne fût – c'eût été absurde – il voyait bien le déploiement incommensurable de la vie autour de lui. Mais hors du langage humain, que pouvait-on en dire ?

Son pressentiment avait raison. L'Homme avait vu le monde à l'envers. Il avait conçu l'histoire des origines en commençant par l'Univers, puis les plantes, les animaux, l'Homme, et enfin le langage.

Mais comment pouvait-on parler de tous ces phénomènes en les faisant précéder le langage, lors même qu'ils n'existaient sous cette forme qu'à travers son miroir ?

D'ailleurs, l'Univers ne s'ignorait-il pas en tant qu'Univers, comme les lys ou les chats ?

Ainsi, et là était sa révolution, il n'y avait pas d'abord eu un Univers, puis du sens – d'où serait même apparu ce vocable ? – et enfin le langage de l'Homme ; mais le langage de l'Homme, dont découlait le sens, et à travers lequel se racontait l'histoire d'un Univers avec ses origines, son évolution, l'apparition de l'Homme, et la naissance du langage même !

Et ce nouveau paradigme avait des conséquences considérables.

Car non seulement l'Homme n'était plus le centre d'un Univers dont il était le seul à avoir la clé – il se révélait n'être qu'un animal parmi d'autres dont le langage était l'outil, comme les loups ont leurs crocs et les oiseaux leur chant.

Mais surtout, il était obligé de reconnaître que ses plus profondes représentations comme la science, l'art, ou encore la religion – si splendides soient-elles – n'avaient de réalité que pour lui, et que ce lien sublime qu'il pensait qu'elles entretenaient avec le ciel n'était que le fruit de son imagination. Vertigineux.

Il était fasciné par sa découverte. Il avait l'impression d'avoir vu les entrailles de Dieu. Il connaissait enfin la source ultime et allait pouvoir la partager au monde. Quelle joie !

Il pensa même dans son enthousiasme – faut-il l'avouer ? – à sa gloire prochaine, à son arrivée au bureau de poste quand son livre révolutionnaire serait publié, aux excuses de ses collègues et à sa magnanimité, et surtout à la belle Euphrosine qui le regarderait enfin...

Il travailla passionnément à l'écriture de son chef-d'œuvre. Il avait un matériau magnifique dans les mains et ne voulait manquer sa réalisation à aucun prix.

D'autant qu'il s'attendait à essuyer de sérieuses critiques, voire des attaques, car révéler à l'Homme que le problème de l'origine de l'Univers, qui le passionnait tant depuis des siècles, n'avait d'existence qu'à travers son langage lui serait sans doute insupportable.

Ainsi, à fond inouï, il fallait une forme impeccable.

Ses chapitres étaient superbes : « La fin est dans le commencement », « Tout est langage ! », ou encore « Que reste-t-il en dehors de nos représentations ? » ; sa clarté implacable ; et des images que sa mémoire gardait depuis toujours en elle remontaient à la surface pour venir iriser son propos et le rendre vivant. Même l'abîme conspirait à son triomphe !

Mais voilà qu'arrivé aux dernières pages de son livre explosif, il ressentit comme un frisson dans sa plume. Il se rendit compte, d'un coup, dans une espèce d'apocalypse, que si tout ce que l'Homme racontait n'avait de réalité qu'à travers son esprit et se résumait à une histoire, c'était également le cas de sa révélation métaphysique...

Il avait pensé, en dévoilant les coulisses de l'origine, faire une découverte réelle, objective, éternelle ! Mais il réalisait qu'il n'avait été que la dupe de sa révolution.

Car si l'essence de ce qu'on pouvait dire n'avait jamais appartenu qu'au langage, si tout n'existait qu'à travers les représentations humaines, si le monde n'était déjà qu'une histoire, que devenait sa révélation, sinon une autre histoire ?

Certes, une histoire profonde, brillante, inédite, l'histoire d'une histoire qui se voyait en tant qu'histoire ; le comble de l'histoire en somme ! Mais une histoire.

Car au niveau métaphysique, au niveau essentiel, organique, *réel* – ces mots n'avaient d'ailleurs plus aucun sens pour lui –, qu'avait-il dit ? Rien. Et il comprenait qu'il n'y avait rien à dire.

Il avait rêvé toute sa vie de découvrir le point, la source, la vérité métaphysique enfin ! Et, alors qu'il l'avait découverte, au moment même où il s'apprêtait à révéler au monde que le secret de l'Univers n'était qu'une histoire qui n'avait de sens que dans le langage de l'Homme, il devait reconnaître que c'était également le cas de son épiphanie, et que la métaphysique elle-même n'avait jamais été qu'une représentation.

Quel choc !

Il jeta machinalement son manuscrit dans la corbeille, prit une journée pour liquider l'ensemble de sa bibliothèque, et alla s'installer dans un vieux fauteuil, à l'arrière de son petit appartement.

Il resta prostré là pendant trois mois pour digérer l'événement. Il ne pouvait plus parler.

Non qu'il souffrît, ou que son esprit ne fût plus fonctionnel, mais son corps avait besoin de ce temps pour faire le deuil de toutes ces années de tension vers un rêve qui s'était avéré n'être qu'une épopée imaginaire.

Tout le canton s'inquiéta. Il y avait ceux qui ne le voyaient plus chaque matin leur apporter le courrier, et qui, sans qu'il ne s'en rendît jamais compte, avaient de l'affection pour lui ; et ses collègues qui pressentaient douloureusement qu'il s'était perdu dans son projet.

Certains allèrent sonner chez lui – comme le vieux postier –, mais il ne répondait pas. On pouvait toutefois lire ce petit mot, écrit à la craie sur une ardoise, qu'il avait laissé au pied de sa porte d'entrée : « Tout va bien, je reviendrai bientôt. » Ce qu'il fit après ces trois mois.

Un après-midi, il retourna au bureau de poste pour dire qu'il était prêt, dès que ce serait possible, à revenir distribuer le courrier aux habitants du canton.

Il fut chaleureusement accueilli, un peu comme si de rien n'était, il est vrai, car personne n'osait vraiment lui demander ce qu'il s'était passé. On craignait de l'embarrasser, et de s'embarrasser peut-être un peu soi-même aussi.

De toute façon, il n'aurait pas répondu. D'abord, parce que ce n'était qu'une histoire – et qu'il n'avait absolument plus rien à dire à ce sujet –, ensuite, parce qu'il savait que personne ne l'aurait cru.

Dès le lendemain matin, il était de retour au travail. Il faisait beau, l'air était frais, il sourit à l'horizon.

Puis, il reprit sa bicyclette et son rituel.

Adieu, le génie, la gloire, et surtout la belle Euphrosine.

Cela dit, il restait la vie.

L'INNOCENCE DU MAL

Un jésuite était connu pour être l'un des plus extraordinaires théologiens de la Compagnie.

Fort d'une solide culture humaniste dont émanait un redoutable discernement, il avait également « l'endurance de Dieu » – c'était son expression –, ce qui lui permettait de venir à bout des questions les plus aporétiques de la religion chrétienne. Il avait d'ailleurs subjugué plusieurs fois ses compagnons, tant par la profondeur que par la clarté de ses révélations.

« Il est allé au-delà des Amériques de la pensée », disait-on souvent de lui.

Bien qu'il passât l'essentiel de sa vie à étudier et qu'il enseignât peu – son apport à la congrégation provenait essentiellement de ses célèbres épiphanies –, l'âge avançant, il se rendit de plus en plus disponible aux questions des collégiens, comme au malheur des démunis. Rien ne semblait tant le réjouir désormais, après des années d'apostolat invisible, que de rencontrer ses frères pour partager avec eux son expérience du Fils de l'homme.

Ainsi, depuis son ouverture récente, on venait souvent lui rendre visite.

C'est ce que firent deux novices qui se tourmentaient depuis des semaines sur l'origine du Mal. Ils ne parvenaient pas à comprendre comment le Mal pût être essentiellement imputé aux êtres humains. N'existait-il pas en dépit de l'Homme ?

Certes, chacun était responsable de son destin, mais la mort, la maladie, la souffrance...

Pourtant, dès qu'ils se disaient cela, ils ne parvenaient pas non plus à comprendre comment Dieu, qu'ils pressentaient profondément innocent, pût engendrer le Mal.

En somme, ils se demandaient fiévreusement si le Mal provenait de l'Homme ou de Dieu.

Ils décidèrent donc d'aller voir le jésuite dans son cloître pour lui exposer leur conflit.

Ils le trouvèrent assis dans la galerie, contre une colonne, une Bible dans les mains, profitant de l'air encore frais de la matinée, et se laissant bercer par la mélodie roucoulante de la fontaine qui était au centre de la cour.

Avec une déférence exagérée qui fit sourire intérieurement le théologien, ils le prièrent de les excuser et lui racontèrent en détail leur impasse.

Le jésuite, qui les avait écoutés avec beaucoup d'attention, prit un long temps de réflexion, comme s'il regardait profondément en lui-même – il faisait souvent cela avant de répondre à un problème théologique, ou lorsque l'on venait le solliciter pour un cas de conscience.

Puis, avec autant d'autorité que de douceur, il leur déclara calmement :

– Si je dis que « la vie est », aucun Mal ne peut sortir de cette phrase ; elle est pure, impeccable, innocente. Êtes-vous d'accord ?

Ils acquiescèrent.

– Bien.
Si je m'aventure un peu plus dans le Verbe et que j'ajoute une épithète à la vie en disant, par exemple, qu'elle est grande, voyez-vous un Mal quelconque engendré par cette phrase ?

Ils réfléchirent un instant, et répondirent non.

— Effectivement, reprit le jésuite, là encore, cette simple phrase « la vie est grande », isolée, seule avec elle-même, quel Mal pourrait-elle faire ?

Ils l'écoutaient en silence.

— Désormais, si j'ajoute à cette phrase une comparaison en disant que « la vie est grande », mais que « la mort est triste », voyez-vous poindre – dans cette seule comparaison j'entends – la possibilité du Mal ?

Il y eut un temps un peu plus long. Puis ils répondirent encore non.

— Nous sommes d'accord. Rien, dans ce nouvel énoncé qui déclare que « la vie est grande » et que « la mort est triste », ne peut provoquer une séparation, une déchirure, une souffrance. Nous sommes toujours au cœur du Verbe.

Maintenant – soyez bien attentifs – si je déclare qu'il est *mieux* d'être grand que d'être triste, ou d'être vivant que d'être mort, si je fais entrer le jugement de valeur en jeu, tout le Mal du monde ne peut-il pas découler de cette simple affirmation ?

Les jeunes novices pressentaient qu'il y avait là quelque chose de profond à comprendre, mais c'était encore trouble, et ils gardèrent le silence.

– Voyez-vous, tant que nous sommes dans le Verbe, vous pouvez rajouter une épithète, donner même un sens à cette épithète pour distinguer les phénomènes entre eux – car chaque chose a sa place et sa valeur –, vous ne pourrez pas faire venir le Mal en ce monde et vous séparer de Dieu.

Mais dès que vous prétendez savoir, dès que vous jugez, par exemple, que la vie est supérieure à la mort, ou que la grandeur est meilleure que la tristesse, vous sortez du Verbe, vous supplantez Dieu, vous trahissez sa Substance même qui est égale dans toute la Création, et vous chutez dans la connaissance en ayant la prétention de croire qu'une chose peut être, dans son *essence*, mieux qu'une autre.

Ainsi, le Mal dont vous parlez, comme la mort, la maladie ou la souffrance, n'existe pas en dépit de l'Homme ; il n'est qu'un jugement de l'Homme sur le Verbe de Dieu.

Il laissa passer un temps et les regarda avec une grande intensité.

– C'est le cœur du message du Christ sur la croix. Celui que vous devrez suivre toute votre vie.

Pourquoi, à votre avis, ne s'est-il pas révolté ?

Pourquoi, devant tant d'injustice, de violence, de douleur, a-t-il pardonné ?

C'est qu'il savait la Perfection du Verbe jusque dans l'horreur et, par là, il a révélé la Gloire de Dieu au monde.

Les deux novices étaient aussi fascinés qu'éblouis. Ils avaient l'impression d'avoir écouté la Parole même du Saint-Esprit.

Cet homme, pourtant d'apparence si simple, venait de dénouer en quelques minutes, avec une clarté miraculeuse, un conflit qu'ils jugeaient hier encore insurmontable.

Il était vraiment allé au-delà des Amériques de la pensée, se dirent-ils en même temps sans le savoir.

Ils le remercièrent chaleureusement et partirent le visage rayonnant de félicité.

Quant au jésuite, il retrouva sa contemplation, sans savoir que le Mal dont il avait si bien parlé ne s'est pas introduit dans le monde à travers l'Homme et son jugement de valeur, comme il le croyait, mais se trouve déjà, fatalement, dans le Verbe créateur.

Car c'est uniquement en déclarant que « la vie est », c'est uniquement en faisant intervenir le Verbe, que la séparation advient et qu'il est loisible à toutes ses déclinaisons d'en découler.

Le Verbe, c'est le Diable.

L'AVIS D'UN ANGE

Un ange était descendu du ciel pour voir un peu ce qui se passait dans notre monde.

Ce n'était pas qu'il avait du temps à perdre – bien que les anges eussent beaucoup de temps à perdre –, mais un séraphin lui avait parlé de cet atome de l'Univers qu'est notre planète, où vivent les étranges créatures que nous sommes.

« Si tu veux approfondir ta culture, lui avait dit le séraphin, je te conseille d'aller y faire un tour, le spectacle y est aussi fou qu'étonnant, tu verras ! » Il voulut donc le voir de ses yeux.

Ainsi, d'énergie pure, il prit forme humaine et descendit sur Terre.

Il se posta, invisible, sur la corniche d'une cathédrale qui surplombait le centre d'une grande ville, pour avoir un panorama complet de l'activité des hommes. De là, il voyait tout – car un ange a cette faculté miraculeuse de pouvoir focaliser son regard sur ce qu'il voit comme si c'était à côté de lui. Et si l'horizon est, comme pour nous, sa limite, son regard le commande et le règle à sa mesure.

Son attention se dirigea d'abord sur la grande terrasse d'une brasserie où un groupe d'amis était attablé devant des bières. Ils parlaient fort et riaient beaucoup. Il fut touché par leur liesse, mais plus sceptique sur leur débit. Dieu qu'ils buvaient !

Notamment l'un d'eux, un enthousiaste, qui parlait fort et dont les yeux flambaient. On sentait qu'il attendait quelque chose. Il ne pouvait pas s'arrêter. À la moitié d'un verre, il semblait déjà vouloir le prochain.

« Qu'espère-t-il ? se demanda l'ange avec ironie. Se peut-il qu'il pense que l'alcool mène quelque part ?... »

C'est alors qu'il fut soudainement attiré par une énergie dense et profonde qui provenait de l'intérieur de la cathédrale. Son regard perça la toiture de plomb – il avait également la faculté de transparence – et se focalisa sur une femme seule, agenouillée au milieu de l'immense nef déserte. Elle était repliée sur elle-même, semblait s'accuser intérieurement, et prier avec un tel pathétique qu'il faillit intervenir. Mais il n'avait pas le droit, il le savait, c'était la règle.

« Tu es innocente..., soupira-t-il douloureusement, pourquoi te fais-tu tant de mal ? »

Pour conjurer cette scène qui l'avait ébranlé sans qu'il pût vraiment la comprendre, sa perception le projeta en plein milieu d'une fête foraine.

Mais, là aussi, même si le fond de toile était plus joyeux, il retrouva la même tension sourde dans tous les corps, comme une attente, toujours cette même attente... Notamment chez un jeune couple et leur enfant qu'il avait presque de la peine à suivre tant ils passaient d'une attraction à une autre avec frénésie. Et ils mangeaient également, et buvaient, et n'arrêtaient pas d'acheter des babioles ; ils étaient possédés !

« Mais qu'ont tous ces gens ?... » songea-t-il encore.

Il sortit de ce songe furtif, intrigué par la conversation de deux hommes qui déambulaient sur l'avenue longeant le parc où se situait la fête foraine. Ils parlaient chacun leur tour gravement, et chacune de leur phrase semblait capitale, comme si leurs mots portaient en eux les secrets du ciel.

« Toujours ce poids », remarqua-t-il.

Les deux hommes paraissaient vraiment croire qu'une vie plus vivante que la vie elle-même logeait dans leur pensée...

« Se peut-il que ces deux fourmis s'imaginent sérieusement que leurs paroles aient un quelconque rapport avec le monde ? » Et il eut un fou rire inextinguible...

Il ne se serait pas arrêté si un spectacle encore plus comique – c'était donc possible ! – n'avait saisi sa curiosité. C'était un petit homme râblé, avec une grosse barbe, l'air très fier, qui s'exerçait au bord du fleuve en soulevant d'énormes haltères. Il était épuisé, mais continuait. Et plus il était épuisé, plus il s'acharnait, et avait l'air de s'enorgueillir de son effort.

Ce spectacle lui parut parfaitement insensé, mais pour le moins fantastique.

« Mais qu'ont tous ces êtres étranges ? se dit-il, une fois de plus, stupéfait. Pourquoi s'excitent-ils ainsi ? » Il ne comprenait pas – limite des anges.

Sa stupéfaction fut brève, car une salve d'applaudissements attira son attention vers l'opéra. De son regard magique, il pénétra les lieux et assista au dernier acte d'un grand classique – Il trouva d'ailleurs la fin sublime.

Pourtant, dès la sortie, il ressentit encore une attente chez le public. Non que les gens parussent déçus – les visages étaient lavés et lumineux – mais sa sagacité céleste pressentait que ce n'était pas encore assez, qu'ils auraient voulu mourir dans l'émotion, se faire emporter pour toujours dans la musique, et qu'ils souffraient de leur retour au monde...

Enfin – il commençait vraiment à fatiguer – son œil se laissa fasciner une dernière fois par un attroupement qui s'était formé à quelques pas du théâtre. C'était la diva qui signait des autographes avant de partir. Il la trouva superbe. Mais alors qu'elle était au sommet de sa gloire, qu'elle avait tout pour être heureuse et dégagée, il éprouva toujours ce même malaise devant cette femme qui semblait encore rêver de tenir la dragée haute à des milliers de miroirs...

« Mais par qui penses-tu donc être regardée ? » murmura-t-il, interdit. Il était aussi désolé que devant la croyante.

Harassé par cette journée inhabituelle – car lorsque les anges ne se contractent pas sous forme humaine, ce sont des énergies déployées –, il replia majestueusement ses ailes et se recueillit avec intensité. Il cherchait toujours à comprendre ce que voulaient tous ces êtres humains.

« Boire, prier, jouer, penser, se dépasser, s'émouvoir, briller, bien sûr, c'est magnifique ! Mais pourquoi tant d'attente, de tension, de malaise dans cette célébration... ? »

Un long temps passa.

Puis, tout à coup, l'ange releva sa tête – ses ailes se redressèrent aussi dans un bruissement formidable – et dit à haute voix :

— Serait-il possible qu'ils cherchent la paix... ?

Il était au-delà de l'ahurissement.

— Serait-il possible qu'ils cherchent la paix qui était déjà là – qui n'a jamais cessé d'être là, qui est l'essence même du monde – *avant* leur agitation... ?

Il n'arriva pas à y croire et remonta au ciel.

La princesse et le monstre

Dans une contrée lointaine, une princesse avait décidé de quitter la cour de son royaume pour se donner tout entière à la vérité de son âme.

Le monde de la pesanteur, de la matière, de la pensée – qu'elle appelait « la grande endormie » – était pour elle l'ancien monde ; l'être humain devait enfin s'ouvrir à l'Intelligence sublime qui circulait partout dans la nature, et révéler sa *part divine.* Et elle se sentait élue par ce destin de lumière.

Pour regagner son ciel intérieur, elle choisit de s'établir dans une haute tour. Il n'y avait qu'à cette hauteur et dans cette solitude que ses énergies pussent respirer librement.

Elle se le disait souvent, s'aimer soi-même est un travail immense, une œuvre immense plutôt – elle détestait le mot « travail » qui lui rappelait l'ancien monde –, et il lui fallait être sous les auspices les plus favorables afin d'accomplir cette mission.

Elle y œuvra pendant des années, se mit à l'écoute de ses ressentis supérieurs – qu'elle appelait ses anges –, suivit tous les conseils de ses oracles, confronta toujours un peu plus ses vieilles croyances à la grâce du grand miroir universel... Jusqu'au jour où elle connut la Source vivante de l'existence.

Bien sûr, elle retombait parfois dans la grande endormie, mais enfin, elle savait désormais privilégier tous ces moments où l'on se laisse aller à la spontanéité du cœur.

Ainsi, pleine de gratitude, comme révélée à elle-même, elle voulait faire un cadeau à l'Univers. Et, un soir, à la tombée de la nuit, elle se mit à son balcon, fit le vide en elle – pour laisser s'épanouir ses anges – et chanta son amour à l'horizon.

Elle savait que tout était lié, qu'il n'y avait qu'une âme, mais dès lors que sa voix s'envola, elle le ressentit au plus profond d'elle-même.

En effet, il suffisait que le ciel écoutât son chant – et il l'écoutait, elle en faisait l'expérience à travers toutes les cellules de son corps – pour qu'il le transmît aux étoiles, puis que les étoiles le transmissent aux arbres, les arbres à la terre et, enfin, la terre aux hommes.

Et à travers ce lien infini, elle augmentait le taux vibratoire de la planète et favorisait l'ère harmonieuse dont elle pressentait l'avènement.

Ces chants devinrent sa vocation.

Non seulement parce qu'elle avait instantanément compris, cette nuit-là, que c'était sa manière d'incarner sa *part divine* dans le monde, mais également parce qu'elle connaissait des moments d'extase lorsqu'elle rentrait dans sa chambre après avoir chanté et qu'elle s'allongeait sur son grand lit, débordante de lumière, encore subjuguée d'être l'interprète de tant de beauté.

Elle ne retrouvait cette plénitude que lorsqu'elle partait faire ses longues courses à cheval, et qu'elle sentait le vent la laver des mauvaises énergies tandis qu'elle galopait, seule, à travers les plaines.

Pendant que notre princesse s'engageait pour ce Nouvel Âge, un vieux lutin – il devait bien avoir quatre ou cinq cents ans, un âge mûr chez ces êtres fabuleux – barbu, robuste, aux mains épaisses et calleuses, s'occupait de toute la vie matérielle de la haute tour.

Il tenait sa chambre propre, faisait son lit, époussetait ses carreaux tous les jours pour qu'elle pût s'imaginer assise à côté des nuages, lavait une à une les marches du grand escalier – labeur considérable – et surtout, s'occupait du cheval de la princesse et de la bonne tenue des écuries.

Il était d'ailleurs le seul serviteur qu'elle tolérait.

D'abord, parce qu'elle ne le voyait pratiquement pas – les lutins sont peu loquaces et n'aiment pas être vus –, ensuite, parce qu'en plus de surveiller la tour, de s'occuper d'une foule de travaux et d'effectuer toutes les tâches domestiques avec une grande assiduité – ce dont elle ne s'était jamais vraiment rendu compte –, il ne demandait rien.

Il lui arrivait simplement de faire, quand la princesse dormait, de solides torsades à la crinière de sa cavale – torsades que les lutins appellent « nœuds de fée » – pour se fabriquer des étriers, et s'offrir une chevauchée nocturne après sa rude journée.

Or, un matin, alors que la princesse avait soudainement décidé d'aller faire une de ses grandes échappées à travers les plaines – bien qu'elle n'allât jamais au-delà de la forêt qui ceignait son domaine – et qu'elle venait de descendre sa haute tour jusqu'à ses écuries, elle eut un cri de colère en voyant des torsades sur la crinière de son cheval.

— Encore, s'écria-t-elle, tu vas me le payer !

Elle se rendit, furieuse, jusqu'au grenier où logeait le lutin pour lui dire que sa monture était épuisée, qu'elle ne pourrait donc pas laver son corps des mauvaises vibrations qu'elle avait ressenties au lever du jour, et qu'ainsi, par sa faute – c'était impardonnable –, elle ne serait pas digne de se présenter à son balcon cette nuit.

— Tu seras privé de lait pendant une semaine ! acheva-t-elle – punition sévère quand on sait que le lait est la boisson exclusive des lutins – puis elle partit, pleine d'amertume, retrouver ses bonnes énergies près des nuages.

Seulement, dans sa colère, elle avait oublié que les lutins sont des créatures fort susceptibles, et qu'ils peuvent rapidement perdre, s'ils s'estiment humiliés, la légèreté de leur espièglerie, et se révéler rancuniers, voire cruels.
Et notre cavalier noctambule n'avait pas digéré la punition.

— Quoi ! Privé de lait pour avoir simplement chevauché quelques heures, quand je m'occupe de la chambre, de la tour et des écuries de la princesse depuis des années pendant qu'elle chante ! C'est injuste, avait-il conclu.

Ainsi, pour faire payer à la princesse cette offense, il décida de lui jouer un mauvais tour.

Quelques jours après l'incident, alors qu'elle revenait d'une longue promenade et ramenait sa monture à l'écurie, le lutin vint la trouver.

Il lui confia qu'il l'avait écoutée la nuit dernière, qu'elle l'avait ravi, et qu'il la sentait enfin prête à accueillir la nouvelle qu'il s'apprêtait à lui annoncer.

La princesse, tout ouïe – car rien ne la touchait tant que lorsqu'il lui faisait des compliments sur son chant, ce qui était rare –, le pria de s'expliquer.

— Voici, reprit le lutin : il existe un château, au milieu de la forêt, où habite un prince qui a décidé de quitter l'ancien monde pour vivre près des arbres, dans le silence de la nature.

La princesse parut soudainement intéressée.

– Il ne pratique pas le chant mais, comme vous, après bien des années d'isolement, il s'est aligné sur la Source du monde, et demeure désormais à l'écoute de ses anges.

Il s'est d'ailleurs lancé dans l'écriture d'un grand livre qu'il veut offrir à l'humanité, et qui s'intitule – m'a révélé un vieil ami lutin à son service – *Les Lois cosmiques de l'Univers.*

Si vous trouviez le courage de vous aventurer au-delà de votre domaine, dans la forêt – et je sais que vous avez ce courage –, pour aller jusqu'à son château, je pense que ce pourrait être une belle rencontre car vos énergies sont également supérieures.

Il y eut un temps. Puis le lutin ajouta :

— Et puis, pour ne rien vous cacher, il paraît que ce prince est d'une très grande beauté.

— Comment s'y rend-on ? demanda la princesse au lutin.

— C'est fort simple. Il suffit de chevaucher jusqu'au pied de la grande pierre que vous connaissez, à la lisière du bois, et d'ici, vous verrez un chemin étroit qui s'engouffre dans la forêt. Suivez-le, et après quelques lieues à peine, vous serez chez lui.

La princesse était fascinée.

Il existait donc un être comme elle, qui avait eu le courage de tout quitter pour suivre son âme, écouter ses anges, et offrir un cadeau de lumière à l'humanité ! Elle rêvait déjà...

Mais il fallait traverser la forêt, s'aventurer là où elle n'était jamais allée, quitter le silence et l'air incomparables de sa tour. Et puis, qui sait, peut-être que ce prince ne lui plairait pas...

Elle passa quelques nuits agitées à se demander ce qu'elle allait bien pouvoir faire. L'Univers la testait, pensait-elle. Il y avait là une grande décision à prendre. Un nouveau chemin de vie peut-être... Et tout résistait au niveau de sa pensée, de son confort, de sa tranquillité.

Mais avait-elle fait tout ce chemin vers l'ouverture du cœur, vers le possible, vers l'amour enfin ! pour se laisser limiter par la grande endormie ? Non !

Ainsi, elle partit.

Arrivée à la grande pierre, devant la forêt profonde, elle hésita un peu. C'était le moment de se montrer courageuse – mais elle s'aimait courageuse ! Ainsi, après quelques instants, elle aiguillonna sa monture, prit l'étroit chemin et s'enfonça dans l'ombre.

Le taux vibratoire de la forêt lui déplut fortement. Elle qui parlait pourtant si souvent aux arbres – depuis son balcon, il est vrai – les découvrait sous un tout autre aspect. Ils n'étaient plus lointains et baignés de soleil, mais proches et ombrageux. Et ils lui semblaient lourds, massifs, taciturnes, bien loin de l'Intelligence sublime de l'Univers.

Mais elle continua.

C'était le même phénomène avec la faune. Elle qui aimait tant son cheval ou le chant des oiseaux rencontrait pour la première fois la férocité du monde animal.

Elle entendait des bruits perçants qui semblaient provenir de l'abîme, se faisait surprendre par des mouvements furtifs à ses pieds ou dans les arbres, et sentait des haleines sauvages tout autour d'elle qui ne cessaient d'approfondir son angoisse.

Mais elle persévéra encore.

Enfin – après plusieurs arrêts dus à plusieurs frayeurs – elle aperçut une espèce de château entre les branches. Plus elle avançait, plus l'édifice apparaissait et l'effarait, car il ne ressemblait absolument pas à ce qu'elle avait imaginé lors de ses dernières nuits.

On aurait dit un vieil être malade, avec ses deux chétives tours d'angle et son donjon difforme. Et puis, malgré la vie qu'il laissait deviner, le château restait macabre. Ses courtines étaient noirâtres et balafrées, ses créneaux branlants, écroulés par endroits, et le châtelet d'entrée vers lequel la princesse approchait – et dont les portes étaient ouvertes – semblait conduire vers un antre infernal qui la terrorisait d'avance.

« Se peut-il qu'un prince éveillé habite dans une telle demeure ? » s'étonna-t-elle, car une atmosphère sulfureuse se dégageait du lieu, comme si la profanation y logeait depuis des siècles.

Mais enfin, même si la peur l'étreignait, elle n'était pas venue jusqu'ici pour s'arrêter. Elle attacha donc son cheval à un arbre et s'avança en tremblant vers l'entrée.

Un long couloir, parsemé de vieilles torches poussiéreuses, se découvrait devant elle. Elle s'y engouffra. Et après avoir marché quelques instants – qui lui parurent une éternité – dans ce qui ressemblait à l'antichambre d'un démon, elle arriva à l'intérieur du château.

Quelle ne fut pas sa surprise... Un banquet avait lieu au beau milieu de la cour.

Sur une longue table en bois, garnie de grandes carafes de vin, de gigantesques chopes de bière, de plats énormes où l'on pouvait apercevoir des gigots saignants et de grandes corbeilles de fruits de mer, festoyait une ribambelle de convives.

Elle s'avança timidement pour chercher des yeux le prince, mais elle ne vit que des figures épouvantables.

Il y avait là une vieille grenouille vérolée qui n'avait même pas la décence de couvrir son corps constellé de chancres – elle trouva vraiment indigne d'exposer ainsi sa laideur au monde – ; un géant avec une hache maculée de sang qui dépassait de son dos – ce qui la terrifia, elle sentait que mille ans d'amour ne lui auraient pas fait rendre les armes – ; des nains couverts de suie qui semblaient revenir de leur forge, et dont la simple présence était un défi aux dimensions supérieures ; une ignoble ogresse, adipeuse et goguenarde, dont un pied d'enfant était resté coincé entre les gencives ; et un chevalier errant, à l'air cynique, avec un écriteau sur le torse où l'on pouvait lire ces mots : « Toute quête est imaginaire. »

C'était tout l'ancien monde qu'elle avait passé sa vie à fuir.

« Quelle engeance ! se dit-elle avec autant de répulsion que d'effroi. Se peut-il que tous ces êtres infâmes existent toujours ? N'ont-ils pas entendu mes chants ?... »

Mais, au-delà de son dégoût, ce qui la troublait encore plus, c'était la joie qui se dégageait de cette odieuse tablée. Ils étaient tous affreux, et paraissaient pourtant tous heureux.

Elle commençait à ressentir de la colère, et sa colère ne cessait d'augmenter à l'idée que c'étaient ces créatures abominables qui réveillaient ce sentiment normalement éteint en elle.

Tout à coup, elle se mit à entendre un pas lourd qui provenait du donjon et semblait se diriger vers la cour. Quelqu'un arrivait.

« Se peut-il que ce soit le prince ? » se surprit-elle à penser, car elle avait même oublié qu'elle était venue pour lui tant elle était fascinée par le spectacle qui se présentait devant elle, et figée par l'épouvante.

Quand elle vit l'homme arriver à table sous les applaudissements des convives, elle faillit s'évanouir.

C'était un gnome énorme, verdâtre, veineux, velu, chauve et édenté, avec deux fentes noires qui lui servaient d'yeux. Un vrai monstre en somme.

Et puis, en dépit de son apparence répugnante – il n'avait rien d'un prince ! –, on sentait chez lui, à l'instar de ses invités, une grande légèreté d'être ce qu'il était, renforcée par une sorte d'indifférence manifeste pour le sort du monde, comme pour l'élévation de l'esprit. Savait-il même ce qu'était l'esprit...

« Quelle horreur ! » s'exclama-t-elle intérieurement. C'était désormais de la haine qu'elle éprouvait. Qu'un tel monstre pût exister, passe encore, mais qu'il osât exister ainsi, si libre, si dégagé, si joyeux, l'agressait profondément. Elle bouillonnait.

Elle pensa d'ailleurs soudainement à son lutin.

« Ah ! se dit-elle. Tu verras du fer ce soir ! » – car les lutins sont terrorisés par le fer, comme les serpents par les poules.

Mais le pire, c'est quand le monstre commença à parler. En plus d'être immonde, il était sacrilège.

Il riait à gorge déployée de l'âme – une grossière image, tout est idole ici-bas ! Raillait la liberté – ne fallait-il pas être fou pour croire qu'on décidât le moindre de ses actes ? Ridiculisait la connaissance – car comment pouvait-on connaître ce qu'on est, comme ce qu'on n'est pas ? S'émouvait enfin que tout fût parfait – jusqu'à sa laideur même ! –, et que la seule chose qui pût jamais être fausse était de vouloir changer quoi que ce soit.

Et chacun trinquait à ses saillies comme si un saint parlait.

La princesse était maintenant envahie par la rage.

Il alla même jusqu'à faire, après que l'abjecte grenouille eut fredonné une ode aux bourreaux, un éloge de l'ombre, suivi d'un dithyrambe aux cafards – comment serions-nous reconnaître la majesté des lions sans eux ? – pour finir par comparer la lumière à une étable.

C'en était trop.

Tout à coup, la princesse devint rouge sang et hurla :

— Mais quelqu'un ne va-t-il pas abattre cette créature !

Et elle partit en courant vers la porte infernale.

Au même moment, le lutin, qui s'était métamorphosé en chat – parmi leurs nombreux dons, les lutins ont le don de métamorphose – et avait assisté à toute la scène depuis le chemin de ronde qui coiffait la cour du château, était hilare. Il s'en alla en disant :

— Voilà ce qui arrive quand on croit savoir ce qu'est la lumière !

Mais ce qu'ignorait le lutin, c'est que dans ce cri de rage, la princesse n'avait jamais été aussi vraie, et que dans le long couloir qui l'avait ramenée à l'entrée du château, quelque chose avait rompu en elle ; une énergie contenue depuis des années s'était enfin libérée.

D'ailleurs, presque magiquement, dès qu'elle fut rendue à la forêt, sans pouvoir se l'expliquer, elle remarqua un immense calme en elle, que ne venait plus troubler aucune pensée.

C'était comme si toutes ses connaissances avaient disparu.

Elle n'avait plus aucune idée de ce qu'étaient les ressentis subtils et les ressentis inférieurs, les âmes éveillées et les âmes endormies, le langage des anges comme les lois cosmiques, ou encore l'écoute de soi, la contemplation, l'émerveillement...

Elle avait même perdu cette Matrice, cette Voie du Cœur, ce Centre de Clarté auquel elle référait tout habituellement.

Pour la première fois de sa vie, elle ne parlait pas de la lumière, elle la vivait.

Et elle ne la vivait pas comme une formidable expérience spirituelle, comme lors de ses grandes surabondances d'amour qui la subjuguaient après ses chants, ou lors de ses grandes extases quand elle galopait à travers les plaines.

Non, elle la vivait simplement parce qu'elle ne prétendait plus rien savoir du monde.

Quand elle revint un peu à elle-même, sans toutefois encore y revenir – car elle demeurait dans un pur dégagement, dans un parfum inconnu, un silence qui dépassait toutes les dimensions dont elle avait jamais parlé –, elle entendit son cheval hennir et sentit que c'était le moment de retourner dans sa tour.

Sans dire un mot, sans même une pensée, elle partit. Mais elle ne monta pas sa cavale.

Elle marcha tranquillement à ses côtés, dans la forêt profonde, sous la lune. Elle n'avait absolument plus peur. Elle se laissait baigner par le silence de la nuit.

Elle regardait les arbres et les trouvait magnifiques. Et n'entendait étrangement plus aucun bruit de bête.

Quand elle franchit la forêt et retrouva la plaine, elle redécouvrit tout.

Elle percevait des détails qu'elle n'avait jamais remarqués, comme une blessure que son cheval avait à l'oreille et qui l'émut.

Elle ressentait les forces de la terre sous ses pieds, voyait toutes les nuances du ciel – elle réalisait d'ailleurs que le noir avait d'étonnants contrastes –, trouvait superbes les chardons qu'elle craignait normalement, et eut comme une commotion d'amour silencieuse pour son lutin.

Elle n'avait jamais été aussi paisible, aussi dégagée, aussi belle. Car toute la gratuité qu'elle portait en elle, tout son amour, toute sa grâce – et elle en avait infiniment, bien sûr – n'était plus enfermée dans une connaissance ni tendue vers un avenir, mais éclatait enfin en elle.

Et elle rayonnait d'une aura magnifique.

Ce n'était plus une princesse de caprice, une princesse imaginaire, dont le ressenti ne pouvait être que la révélation de l'Intelligence universelle.

Non, c'était une princesse d'évidence, la vraie princesse que toutes les femmes portent en elles, et qu'elles révèlent, parfois, quand elles ont oublié tout ce qu'elles savent du monde.

Oui, cette nuit-là, elle fut princesse. Et si un poète averti avait été témoin de sa marche, elle aurait défrayé la chronique pendant mille ans.

Quand elle rentra, elle ramena son cheval à l'écurie, lui ôta sa selle et son harnais, et le pansa longuement.

Puis, après avoir rempli un grand bol de lait, elle monta le déposer au seuil du grenier.

Enfin, elle se coucha.

Cependant, dès le lendemain, elle retrouva sa *part divine*, ses anges et son chant.

La sagesse du monstre n'avait pas suffi à lui révéler que la lumière n'est pas lumineuse.

Un humain véritable

Au monastère du mont de la poire mauve, le patriarche recherchait son successeur. Et il voulait, selon la tradition, un humain véritable, c'est-à-dire un humain libre de toutes les représentations.

Grand amateur de poésie, il demanda donc à ses disciples les plus avancés d'écrire un poème sur la mort.

Il savait que c'était la représentation ultime, que seul celui qui avait un esprit clair pourrait véritablement en parler, et qu'un poème trahirait instantanément celui qui ne l'aurait pas écrit depuis l'évidence du Vide.

Le patriarche en lut beaucoup. Certains disaient que la mort n'existait pas, d'autres qu'elle n'était qu'un mot, d'autres encore que l'on ne pouvait absolument rien en savoir, pas plus que la vie d'ailleurs... Et, au demeurant, il considérait tout cela juste.

Mais il ne sentait pas ces poèmes habités, il les trouvait convenus même, et ne voyait en eux qu'une répétition morte de la voie négative qu'enseignait son école – voie qui mène à l'Absolu en révélant que tout ce dont on peut parler est fatalement relatif.

Un jour, par hasard, il tomba sur le poème d'un jeune moine – le jardinier du monastère – et lut ces mots :

D'aucuns parlent de cette folie d'être là,
De ce vertige indicible d'avoir été jetés ici-bas
Sans savoir où nous sommes, sans savoir pourquoi !

Quand tu comprendras que ces foudres
Ne sont que vaines paroles de poètes,
Tu connaîtras la mort de ton vivant.

Émerveillé, le patriarche convoqua le jardinier et lui transmit sa robe.

Un héros incompris

Un jeune compositeur était reconnu pour être l'un des plus grands artistes de sa génération.

Dès son plus jeune âge, il s'était enfoui dans la musique pour fuir le vide de la marche quotidienne basée sur le devenir, la séparation, sur un rapport mental à la vie, en somme, qu'il ne comprenait pas.

L'existence n'avait de sens et de valeur pour lui que dans sa dimension infinie, lorsqu'il était plongé dans l'élément musical. Et il avait toujours voulu, à travers ses compositions, donner aux hommes le goût de cette dimension ultime.

« Je n'ai qu'un but, avait-il déclaré une fois, faire tomber l'être humain dans la substance, le ramener à la vie vivante, à l'harmonie fondamentale. » Et il y arrivait merveilleusement.

On disait de lui qu'il donnait corps à Dieu. Plus, qu'il faisait connaître Dieu aux hommes.

Et pas de manière dogmatique, religieuse, indirecte. Non, par la sensation, par l'émotion que ses symphonies suscitaient, par le silence dans lequel elles laissaient toujours les spectateurs.

On allait d'ailleurs le voir comme on allait à la messe. Car dans un temps où chacun se jugeait sans supporter le jugement, où chacun voulait être ensemble sans supporter son prochain, où chacun rêvait d'unité sans supporter de faire fi de sa personne, la musique était l'art idoine en ce sens qu'elle ne disait rien, n'attendait rien, ne demandait rien, et menait pourtant chaque individu vers cette dimension absolue grâce à son langage organique et universel.

Mais notre héros, même s'il était célébré partout, n'était pas satisfait.

Et bien qu'il fût déjà, si jeune, au sommet de son art, bien qu'il arrivât désormais, dès les premières notes, à plonger son auditoire dans les lacs de l'être, dans cet état de plénitude dans lequel ne peuvent nous immerger que les plus grands artistes, bien qu'il semblât à tous qu'il possédait définitivement les clés du Ciel, il considérait qu'il n'était toujours pas parvenu à son but, car la sensation d'apothéose qu'il partageait avec les spectateurs ne durait pas.

Pire – et c'est cela qui le travaillait profondément –, il ne dévoilait l'absolu, à travers ses symphonies, que pour mieux révéler son néant. Car il fallait bien l'accepter, une fois la représentation terminée, chacun – et lui le premier ! – retrouvait cette vie déchirée du quotidien où l'on court après soi sans jamais se rejoindre.

Finalement, il n'offrait au public qu'un ersatz d'infini qui rendait encore plus douloureux le retour à la réalité. Son absolu était relatif, voire trompeur. Et cette prise de conscience lui était insupportable.

Pendant des années, il continua à composer avec ce conflit dans le cœur. Comme un mathématicien qui recherche la formule de l'Univers, il recherchait la symphonie parfaite capable de découvrir définitivement l'Inconnu, de libérer la Liberté, d'établir la Plénitude.

Et plus il approfondissait ses symphonies, plus le parfum d'éternité qui s'en dégageait se prolongeait et fascinait l'assistance, même s'il finissait toujours par s'évanouir, fatalement.

Et ceux qui l'apercevaient parfois s'éloigner dans la nuit, après l'un de ses sublimes concerts, toujours aussi ombrageux et tourmenté, se demandaient alors :

« Mais que cherche-t-il encore ? Comment peut-on aller plus loin ? Existerait-il un Dieu par-delà Dieu ?! »

Un matin, alors que le compositeur courait sous la neige vers l'opéra, sa sacoche brinquebalante et débordante de portées noircies, son crayon encore à la main, et qu'il n'avait la tête à rien si ce n'est à arriver à l'heure à sa répétition – il détestait être en retard –, il s'arrêta net sur son chemin et s'écria en pleine rue :

— J'ai compris !

Et son visage, d'ordinaire si sombre et si préoccupé, s'illumina d'un coup, et il eut un profond éclat de rire. Il venait de réaliser que son échec était sa preuve.

— Comment ne pas l'avoir compris plus tôt ! s'exclama-t-il encore. Qu'est-ce qui a pu m'empêcher de voir une telle évidence ?!...

Mais oui ! poursuivit-il transfiguré. Si j'avais pu découvrir l'Inconnu, c'est que l'Inconnu ne serait pas réellement ; si j'avais pu libérer la Liberté, c'est que la Liberté ne serait pas réellement ; si j'avais pu établir la Plénitude, c'est que la Plénitude ne serait pas réellement !

Son esprit bouillonnait. Si un mot, un seul mot, un concept, une formule, un poème – et combien y en avait-il eu dans l'histoire des hommes ! –, n'importe quoi, avait jamais pu dire quelque chose de *réel*, alors, comme il suffirait d'un simple point, d'un atome, d'un quark pour tuer le Néant, l'Absolu serait mort !

Mais depuis la nuit des temps, les concepts les plus profonds se concevaient, les formules les plus fascinantes s'écrivaient, les poèmes les plus inspirés se révélaient, sans jamais rien dire qui approchât l'Infini, car l'Infini *est*, et qu'on ne peut le dévoiler sans le trahir...

— Quelle splendeur ! acheva-t-il à voix haute. L'impossible démontre l'Infini !

Il oublia complètement d'aller à l'opéra, et resta figé sous les flocons qui tombaient, dans un état de béatitude totale. Il savait enfin ce qu'il avait cherché toute sa vie. Il comprenait tout.

C'était ça qui ne l'avait jamais quitté ! Ça, qui lui avait sempiternellement répété, même après ses plus formidables représentations, que ça ne suffisait pas ; ça encore, qui n'avait jamais cessé de le laisser insatisfait, même dans la joie la plus intense ; ça enfin, qui lui avait toujours présenté la vie comme un rêve, comme si ça ne pouvait s'arrêter là...

Mais désormais, il *savait*. L'Infini ne pouvait pas ne pas être. Tout le reste était littérature.

– Comment ai-je pu ne pas le voir ?!... renchérit-il encore, stupéfait. Il n'en revenait toujours pas.

C'est imparable pourtant, le fini ne peut naître que de l'Infini – d'où naîtrait-il sinon ?

Et s'il ne peut naître que de l'Infini, la finitude est impossible – car de quoi pourrait être constituée la finitude sinon de l'Infini dont elle n'est qu'une expression ?

Trente ans à chercher l'Absolu dans les plus hautes sphères, alors que ça n'a rien à voir, qu'il n'y a que ça, qu'il ne peut y avoir que ça...

Comment ai-je pu penser qu'on puisse se rapprocher de l'Absolu ?... Se rapprocher de l'Absolu !...

Il éclata de rire une nouvelle fois en disant ces derniers mots, et comprit instantanément que ce qui lui avait toujours empêché de voir cette évidence, c'était son propre savoir, son art, sa vie !

En effet, il avait toujours cru qu'il existait un lien secret entre la musique et l'Un, entre ces instants de grâce qu'il savait si bien susciter et Dieu, et que c'était en approfondissant ce lien jusqu'à composer la symphonie parfaite qu'il pourrait enfin révéler l'Ineffable.

Mais ce lien n'existait pas ! Et la plus sublime des compositions n'était, ne pouvait pas être plus proche de *ce qui est* que la plus misérable des fourmis. Comment aurait-elle pu l'être ?

Or, là était le piège, le poison, le crime de l'art qui n'avait de cesse, à travers toutes ses expressions – dont la musique était peut-être la plus saillante –, d'entretenir ce lien impossible entre la beauté et l'Infini.

Et de la manière la plus insidieuse qui fût, car la beauté représentait bien, relativement, le témoignage le plus impeccable de l'esprit, l'alignement parfait, la transcendance même. Et quand elle nous traversait, on pensait vraiment pénétrer le secret de l'existence, on se sentait enfin libre de soi, on avait la sensation d'être au Paradis.

Pourtant, si ce témoignage impeccable que procuraient les œuvres d'art avait véritablement un rapport avec l'Essentiel, n'aurait-il pas changé le monde ?

Si les hommes découvraient véritablement la Plénitude dans cet alignement parfait, ne seraient-ils pas devenus définitivement meilleurs ?

Si connaître cette transcendance – et tout être humain la connaissait – c'était véritablement connaître l'Absolu, les conflits qui parsemaient la planète n'auraient-ils pas révélé leur ridicule ?

Si.

Mais depuis des milliers d'années, l'art était là, et même s'il demeurait une grâce de notre monde et la forme la plus haute que pût atteindre l'intelligence humaine, il y avait toujours autant de morts, de drames et d'ignorance.

D'ailleurs, l'expérience de notre compositeur en était le plus probant témoignage. Son existence consacrée à la beauté ne lui avait donné – en dépit des quelques moments de liberté indescriptible qu'il avait connus dans sa création – que de l'inquiétude et des tourments, tandis que depuis sa révélation, il connaissait une paix profonde et inaltérable dont il n'avait aucun doute, pour la première fois de sa vie, qu'elle durerait jusqu'à la fin de ses jours.

Il réalisait tout cela – désormais recouvert de neige sans même s'en rendre compte – et savait qu'il n'écrirait plus jamais une note, qu'il en avait définitivement fini avec la musique.

Non qu'il ressentît, depuis sa soudaine épiphanie, une haine quelconque pour cet art, comme pour les autres d'ailleurs – l'art restait l'art et gardait sa grandeur à ses yeux –, mais il avait la certitude qu'il ne pourrait plus jamais participer au carnaval de la beauté tant que les gens la confondraient avec l'Indicible.

« On ne se lave pas des apparences avec des apparences, si sublimes soient-elles », confia-t-il à un de ses amis musiciens.

Puis, définitif, il ajouta :

« On ne pourra faire dignement de l'art que lorsque l'on sera au clair avec *ce qui le permet*. Aujourd'hui, ce serait favoriser la confusion du monde. »

Ainsi, comme le patriarche prêt à sacrifier son fils au nom de Dieu, ou le sénateur qui tua son père au nom de la République, il arrêta la musique au nom de l'Infini.

Il voulait montrer, par ce geste même – dont il savait qu'il provoquerait un immense scandale, ce qui arriva –, que le trésor de l'art cachait le véritable Trésor.

Il voulait dénoncer ce lien criminel entre la beauté et l'Absolu qui maintenait la barbarie, quand il prétendait apporter la civilisation.

Il voulait faire comprendre que la Paix que chacun recherchait reposait par-delà la paix et le chaos – et toutes les formes possibles – qu'elle était déjà l'étoffe du monde, et que tout le reste était de nature irréelle.

« Quel chef-d'œuvre, se dit-il d'ailleurs avec humour – car il avait désormais beaucoup d'humour – que cette ultime symphonie silencieuse ! À coup sûr, ma plus grande symphonie. »

Personne ne comprit le sens de ce dernier chef-d’œuvre.

Le regard de l'absolu

Un jeune samouraï ne pouvait respecter un homme à qui il sentait qu'il faisait peur, ou qu'il pourrait, d'une façon ou d'une autre, briser.

Or, chaque fois qu'il se présentait à un maître pour le servir – c'était l'usage dans une société féodale – et qu'il se demandait intérieurement :

« Si je tue son père, ou que je viole sa fille, ou que je brûle sa demeure, s'effondrera-t-il ? »

Chaque fois, il savait que le maître se serait effondré. « La vérité n'est donc pas là », avait-il conclu.

Ainsi, après ces multiples tentatives, il s'engagea dans une existence marginale en se faisant le serment que la force – voire la cruauté – serait son seul référent. Il voyait dans la passion de dominer l'essence même du monde.

N'était-ce pas le cas, d'ailleurs ? Des plantes aux animaux, des animaux aux hommes, tout ne recherchait-il pas la croissance et la souveraineté ?

« Plus de puissance signifie plus de vie », s'enthousiasmait-il souvent.

Il en était convaincu.

Fort de cette philosophie, il s'entraîna tout seul, et avec acharnement, pour renforcer son corps et maîtriser l'art des points vitaux – l'unique art pour lui. Et après quelques années, il devint un redoutable rônin, un samouraï sans maître, qui errait de village en village dans le seul but d'imposer sa suprématie en défiant les guerriers les plus endurcis de son pays.

Invaincu, il se demandait parfois à quoi ressemblerait celui qui finirait par le vaincre, car ce jour arriverait fatalement. Ce serait sans doute un géant ou un demi-dieu, un homme d'un autre monde en tout cas.

Un bel après-midi d'été, après avoir massacré le cador d'un village, il buvait son saké dans l'auberge principale du bourg, comme pour humilier une dernière fois l'homme et sa famille.

Il prenait plaisir à rester ainsi sur les lieux du crime pour vraiment faire valoir sa domination.

Il aimait également sentir le goût de l'alcool de riz chaud sur ses lèvres ensanglantées. C'était un de ses rituels.

Mais alors qu'il se disposait enfin à partir après ce féroce intermède, une vieille femme, qui était assise au fond de l'auberge, vint soudainement à sa rencontre. Elle lui déclara qu'elle connaissait quelqu'un qu'il ne pourrait jamais vaincre.

Le visage du rônin, aux yeux si noirs et si cruels, s'illumina tout à coup d'un sourire.

– Ah bon, grand-mère ! répliqua-t-il. Et où puis-je trouver ce héros ?

– Ici même, lui répondit-elle, c'est mon frère, il coupe des fleurs près de l'étang.

Le rônin resta quelques instants interdit devant la folie de la vieille femme, dont le frère ne pouvait être qu'un vieillard, mais puisqu'elle avait parlé, elle devait désormais en assumer toutes les conséquences – c'était sa seule éthique.

– Eh bien, s'exclama-t-il après avoir bu sa dernière gorgée de saké, autant battre le fer quand il est chaud !

Et il partit sans plus attendre vers sa proie.

Pendant ce temps-là, le frère de la vieille femme était effectivement en train de cueillir des fleurs près de l'étang. C'était un maître de *Kado*, « la voie des fleurs », qui avait consacré sa vie à essayer de découvrir, à travers ses compositions, l'essence des plantes.

Et après des décennies d'ascèse, il était arrivé à la perfection. Quiconque voyait ses œuvres connaissait cet instant ineffable où le jugement meurt, où l'on rend les armes, où il n'y a plus d'espace entre le monde et soi, et qui provoque cette émotion qu'on appelle beauté.

Mais ce qu'avait vraiment découvert ce maître en allant au bout de son art – comme seuls finissent par le découvrir les grands artistes –, c'est que la perfection qui se dégageait de sa poésie florale, si sacrée fût-elle, était finalement la même qui se trouvait déjà partout dans la nature.

Et que si ses chefs-d'œuvre, par leur forme impeccable, favorisaient la rencontre avec cette évidence, il n'en demeurait pas moins que celle-ci était l'âme de tous les phénomènes, et qu'il suffisait de regarder profondément le moindre brin d'herbe pour retrouver cette réalité indicible qui était la substance même de l'Univers.

Cette découverte de l'équanimité de l'existence l'avait délivré de son attente d'une vie plus intense à travers l'art, et l'avait établi dans l'Éternité.

Et bien qu'il conservât intactes, après cet éveil, sa ferveur artistique et la sublime inquiétude du créateur qui craint toujours de ne pas parvenir à exprimer parfaitement la vision qu'il pressent en lui dans son œuvre – eut-il encore été artiste sans cela ? –, il n'attendait plus rien de ses compositions, ni d'aucune apparence.

Il était désormais libre de lui-même, et connaissait la grâce de ressentir la même émotion devant la plus magnifique des orchidées, comme devant le plus morne des troncs d'arbres.

Après avoir traversé un petit bois et cuvé son saké en marchant, le rônin aperçut le maître de *Kado* au loin.

« C'est une plaisanterie », se dit-il, car le cueilleur de fleurs, en plus d'être un vieil homme, avait une allure gracile, voire fluette.

Mais, aussi absurde la situation fût-elle, la vieille femme avait parlé, et rien que pour lui donner une bonne correction, il devait tuer cet aïeul.

Il reprit donc sa marche en sa direction, sortit son sabre encore maculé de sang et, quand il arriva juste derrière lui, au moment même où il allait prononcer quelques mots pour engager le vieux maître à combattre, celui-ci se retourna et le regarda droit dans les yeux.

Pour la première fois de sa vie, le rônin vit dans un regard humain une totale absence de peur.

Ce qui le regardait d'ailleurs n'était pas humain. C'était fatidique et vertigineux, impeccable et obscur, innommable.

Et dans ce miroir, tout ce qu'il était, sa force, sa hardiesse, ses victoires, semblait faux, ridicule, misérable, n'avait même pas la densité d'un rêve.

Il n'avait aucune chance. Non qu'il ne dominât pas physiquement le vieillard – il aurait pu l'occire avec une main attachée dans le dos –, mais il savait que même s'il avait achevé sa sœur à ses pieds pour l'anéantir, il y avait quelque chose en lui qu'il n'aurait jamais pu atteindre.

Alors, sans même qu'il le voulût, il baissa les yeux et laissa tomber son sabre.

Il venait de comprendre que plus de puissance ne signifie pas plus de vie.

Le marin pêcheur

C'était un homme encore jeune, grand, superbe, qui comme beaucoup de ses compatriotes pêchait pour survivre.

Un jour, à la suite d'une violente tempête, toutes les pirogues de la côte nord sombrèrent avec leurs marins. Il fut le seul survivant.

N'ayant plus rien sans son embarcation – sa famille proche avait été assassinée il y a longtemps lors d'une guerre tribale, et il ne s'était jamais marié –, il décida d'aller dans un des villages des environs où vivait son cousin avec sa femme et ses enfants.

En dehors de quelques amis morts dans la tempête, c'était la dernière personne avec laquelle il entretenait un lien réel.

Il l'aimait profondément. Il admirait sa grâce, sa noblesse, son intégrité, et, en dépit de leurs différences, il avait toujours ressenti chez lui comme une fraternité d'âme.

Il s'était d'ailleurs souvent dit en lui-même – la pêche étant un métier difficile et risqué dans son pays – qu'en cas de drame, il y avait au moins une personne dans ce bas monde sur laquelle il pourrait compter.

Il alla donc le trouver.

Cœur pur, épris d'absolu – d'aucuns diraient idéaliste –, il s'impatienta tout le long du chemin à l'idée de retrouver son parent, et cet amour inconditionnel qu'il attendait des rares élus auxquels il avait accordé sa confiance. Et il ne fut pas déçu.

On sortit les djembés à son arrivée, on l'honora d'une danse ancestrale, et on lui prépara un petit festin à base de riz et de poisson, ses mets préférés.

Mais dès lors qu'il raconta son infortune à son hôte, et qu'il lui demanda s'il pouvait rester quelque temps chez lui – bien qu'il précisât qu'il n'avait besoin que d'une aide passagère avant de pouvoir racheter un bateau, ou d'envisager un nouvel avenir –, il sentit tout de suite, dans son attitude, comme une gêne.

Bien sûr, son cousin l'aiderait, mais le marin pêcheur découvrit subitement chez ce frère d'élection quelque chose de sourd et d'étranger, une sorte de distance infranchissable que sa sensibilité à fleur de peau ne put dénier, et qui le mit mal à l'aise.

Ainsi, même si ses hôtes continuèrent à lui témoigner de l'attention et de la gentillesse jusqu'à la fin de la soirée, sentir qu'il ne serait jamais vraiment des leurs – et il le sentit indubitablement – le blessa profondément et raviva son passé si difficile.

Le soir même – c'était l'été –, voulant se retrouver seul, il dit à son cousin qu'il dormirait à la belle étoile, et le salua tristement.

Il savait déjà qu'il ne pourrait pas rester un jour de plus, et qu'il repartirait dès le lendemain sans dire un mot.

Il prit donc une vieille natte, se mit à l'écart des cases, et s'allongea. Là, les larmes aux yeux, il regarda pensivement le ciel.

Il se remémora plusieurs événements de son passé qui touchaient à cette racine fragile de son cœur, et qui l'avaient peut-être conduit, il s'en rendait compte ce soir-là, à ce destin solitaire sur les flots.

En effet, il avait aimé une femme dans sa jeunesse – la seule qu'il eût jamais aimée – avec laquelle il avait souvent ressenti le même sentiment d'abandon que celui qu'il éprouvait cette nuit.

Pourtant, elle lui avait dit qu'elle l'aimait, et elle l'aimait à sa manière, il en avait eu de nombreux témoignages. Mais il avait toujours su, au fond de lui, que s'il avait commis un acte irréparable, voire seulement contraire aux mœurs, elle ne l'aurait même plus regardé.

Et son âme intégrale ne pouvait accepter cette limite à son amour.

Il se souvint aussi d'un ami d'enfance, un magnifique lutteur, qu'il avait également beaucoup aimé, et qui avait toujours prétendu être son frère.

Là encore, l'affection du combattant était réelle, c'était un homme de cœur, mais il avait suffi d'une simple dispute à propos des prophéties d'un marabout pour qu'il vît cette fraternité que son ami prétendait invincible voler en éclats, et qu'il devînt à ses yeux, en moins d'un instant, un parfait inconnu. Ce qui l'avait beaucoup marqué.

Il repensa encore à une scène qu'il avait vécue, très jeune, lors d'un mariage traditionnel. Le meilleur ami du marié s'était permis de dire une insanité à voix haute au moment le plus sacré du rituel, juste avant que les époux n'échangeassent leur consentement.

Pourquoi cet homme avait-il eu ce moment de folie ? Il ne le sut jamais. Mais ce qui l'avait à nouveau choqué, c'était de voir que cette seule parole lui avait coûté son amitié avec le marié, que celui-ci n'avait même pas réagi quand il avait été renié par tout le village.

Et une fois de plus, notre marin pêcheur s'était dit : « Est-ce cela l'amour ? »

Enfin, il se rappela surtout ce jour où il s'était rendu compte qu'il n'était pas meilleur que tous ceux qu'il critiquait, qu'il avait également rompu une amitié parce qu'il ne comprenait plus un ami qui avait décidé de consacrer sa vie au Christ, et qu'il n'avait d'ailleurs jamais vraiment cherché à le comprendre.

Ou encore cet ami pêcheur avec qui il avait passé tant de bons moments sur les mers, mais dont il avait fini par s'éloigner car il ne supportait plus la noirceur qui l'avait gagné depuis le décès de sa femme.

Peut-être ses limites étaient-elles plus larges sur certains thèmes, mais elles étaient sans doute plus faibles sur d'autres, et il n'était pas capable non plus de l'amour qu'il pressentait.

Devant cet impossible, il comprit qu'il était temps pour lui de faire le deuil de l'amour.

Car il avait beau avoir mené une vie libre et sans attache, il avait toujours gardé au plus profond de son être, depuis qu'une partie de lui était morte avec sa famille, comme un vœu, une attente, l'espérance d'une dimension plus pure qui l'emporterait sur les ténèbres de l'existence.

Il l'avait gardée pour survivre, pour se convaincre que la vie valait encore la peine d'être vécue, pour honorer les siens en chérissant cette lumière, au lieu de se laisser aller à l'abîme.

Mais cette dernière expérience avec son cousin – à qui il n'en voulait même pas, mais qui lui rappelait une nouvelle fois l'illusion pathétique de l'amour – lui enjoignait d'abandonner pour toujours ce sentiment dont il sentait pourtant une si forte résonance dans son cœur.

Mais comment vivre sans amour ?

Comment vivre sans cette ouverture, sans cette espèce d'utopie de l'être qu'il avait toujours voulu conserver en lui, et qu'il retrouvait, parfois, devant l'empire muet de la nature ?

Comment fermer la porte à cette issue glorieuse, et se dire que ce pressentiment d'éternité serait toujours déçu ?

Comment, en définitive, accepter d'être un homme ?

C'étaient toutes ces questions qu'il se posait à lui-même, tout en sachant finalement qu'il ne pourrait jamais accepter d'oublier sa part d'infini. C'eût été mourir une deuxième fois.

Et puis, derrière son aura lointaine et impénétrable, il restait animé par un point d'enfance indélébile, par une béance réfractaire à toutes les bornes, par un sentiment de liberté indicible que sa vie passée au large n'avait jamais cessé de raffermir.

« La nuit porte conseil, finit-il par se dire. Peut-être que des réponses viendront dans les jours prochains. »

Le lendemain, à l'aube, avant que son cousin ne fût réveillé, sans même l'avoir prévu, il prit la route en direction de son village natal, qu'il n'avait pas revu depuis qu'il l'avait quitté pour vivre un peu plus au nord sa vie de pêcheur.

Il ne savait absolument pas ce qu'il y ferait. Car non seulement il n'avait plus de bien, d'amis, de famille, mais il n'avait même plus l'espérance d'en avoir. Quelque chose s'était fendu pendant la nuit.

Comme si faire face à ces souvenirs l'avait dégagé d'une dernière attente affective, pour le rendre définitivement à la nature qu'il avait toujours connue à travers la mer.

C'est d'ailleurs vers elle qu'il se tourna dès qu'il aperçut son village.

À peine arrivé, il alla sur la plage, sur cette plage immense qui découvrait un horizon édénique, et il regarda les flots.

Il se souvint alors de cette parole que sa mère lui avait dite dans sa prime enfance :

« Si tu désespères vraiment un jour, va devant l'océan, il te donnera toutes les réponses. »

Et là, dans ce décor élémentaire, envahi par les embruns et le chant de la houle, il sut soudainement ce qu'était l'amour.

« Bien sûr qu'aucune personne – et moi le premier ! –, se dit-il, ne peut aimer comme je l'entends, comme je l'ai toujours pressenti, car les personnes sont comme les flots de la mer, parfois violentes, parfois apaisées, scintillantes aussi, ou sombres. Elles nous apparaissent quelquefois parfaitement claires, voire transparentes, quand d'autres fois elles semblent plus mystérieuses qu'une tombe. Il leur arrive aussi d'être sourdes, indifférentes, révoltées, ou inversement, merveilleuses et divines. Il y a autant de formes qu'il y a d'êtres humains.

Mais l'Amour, lui, comme la mer, est l'unique substance de ce ballet infini.

Or, toute ma vie, poursuivit-il intérieurement, je me suis préoccupé des formes, j'ai jugé les formes, j'ai attendu l'amour des formes – quelle folie ! – quand c'est leur nature même d'être décevantes, impossibles, mortelles !

Je suis resté à la surface des flots comme à la surface des êtres, sans voir que même le plus sublime des êtres humains, le plus ouvert, le plus loyal, était de toute façon éphémère et finirait dissout par les vents.

Car il n'y a que l'Amour pour aimer, c'est impossible autrement, comme il n'y a que la mer à l'intérieur des flots. Les flots, en eux-mêmes, n'ont aucune réalité. Ils ne sont qu'un reflet.

Et un reflet ne pourra jamais aimer. Non qu'il ne le veuille pas, mais il n'en a pas la capacité.

Oui, seul l'Amour peut aimer, conclut-il transfiguré, car seul l'Amour *est*, et ne peut pas ne pas être.

C'est ça que voulait exprimer le poète quand il disait que "l'Amour est plus fort que la mort", je le comprends enfin.

Tout le reste n'est que remous, écume, rêve... »

Tout à coup, il vit un goéland voltiger dans les airs, au-dessus des vagues qui commençaient à s'agiter.

Comme lui, il savait qu'il était désormais libre des formes de la mer.

La fin du jugement

Dans une immense salle d'attente – assez laide il faut bien le dire, à l'instar d'un hall d'aéroport –, chacun attendait son tour pour rencontrer saint Pierre, et connaître l'issue qu'il aurait à sa vie.

Sur les centaines de personnes qui patientaient assises dans la salle, et qui avaient la chance d'y être enfin parvenues – il y avait, à l'extérieur, une file d'attente infinie balisée par des anges –, une grande actrice s'était installée près de la porte capitale où devait officier le saint.

Tout le monde l'avait d'ailleurs remarquée, car c'était une étoile internationale, célèbre pour ses nombreux films, et quelques grandes chansons qu'elle avait interprétées dans sa jeunesse.

On la salua plusieurs fois et elle signa quelques autographes, mais la plupart des morts ne lui prêtaient pas attention : ils semblaient entièrement préoccupés par l'entretien ultime qui les attendait.

Quant à elle, dont la vie avait été digne et irréprochable, elle ne doutait pas d'être au Paradis d'ici quelques minutes.

N'ayant rien perdu de ce qu'elle avait été sur Terre, comme ses congénères d'ailleurs – chacun avait gardé la tenue qu'il avait lors de sa mort, mais remise à neuf par un chérubin –, elle regardait les différents défunts avec un mélange de componction et de mépris en se demandant qui, parmi eux, finiraient en Enfer.

Elle s'attarda d'abord sur une grosse femme indolente, qui mangeait un énorme sandwich dégoulinant de ketchup, et pensa qu'il ne serait pas exagéré que Pierre l'envoyât faire un petit stage au Purgatoire pour se ressaisir.

Ce qu'elle se dit également de son voisin moustachu, au pantalon troué et aux chaussures sans lacets, dont l'odeur – il avait dû refuser la toilette – commençait franchement à l'incommoder.

Elle fut ensuite saisie par l'énergie rétive d'un homme en survêtement, dont l'air insouciant n'avait d'égal que la manifeste indocilité. Il fumait en plus, ostensiblement, ce qu'elle détestait. Elle avait passé sa vie à lutter contre ce fléau en prêtant son image à plusieurs associations, ainsi qu'en faisant des tournées préventives dans les hôpitaux du monde entier.

« En Enfer ! » murmura-t-elle.

Pour se laver de cette vision avilissante, elle tourna son attention vers sa droite, à quelques rangées d'elle, où était assis un vieil homme à l'allure impeccable dans son magnifique pyjama de soie, et dont l'aura lui inspirait confiance.

« Tout n'est pas perdu », se rasséréna-t-elle.

Mais alors qu'elle le cherchait du regard, son numéro apparut sur le grand écran qui surplombait l'immense salle. Elle se leva, confiante et fière, et se dirigea vers la porte éternelle.

Quand elle l'ouvrit, elle eut la surprise de se retrouver dans un étroit couloir qui menait à une seconde porte qu'on apercevait au loin. Elle poursuivit donc son chemin.

Arrivée devant la seconde porte, elle vit une vieille sonnette, et se dit qu'il fallait sonner – ce qu'elle fit.

Après quelques instants, une jeune fille souriante – dont les traits évoquèrent à l'actrice un éléphanteau – ouvrit la porte et l'invita à prendre place sur le fauteuil vide face à l'homme qui se trouvait au fond de la pièce, assis à son bureau.

Elle avait encore du mal à le distinguer, car le lieu dans lequel elle se trouvait était long, mal éclairé, et rempli de dossiers à l'image d'un vieux cabinet de détective.

Quelle ne fut pas sa surprise quand elle arriva devant l'homme. C'était un Chinois d'âge mûr, coiffé en brosse, dont les petites lunettes cerclées de fer laissaient entrevoir un regard doux et malicieux.

— Saint Pierre est chinois ? se dit-elle, stupéfaite.

À peine s'était-elle assise, et remise de son étonnement, que Pierre – c'était bien lui, comme le prouvait la fine auréole au-dessus de sa tête – prit la parole :

— Madame désire ?

Elle prit un temps pour être sûre qu'elle ne rêvait pas – l'ambiance était vraiment surréaliste. Puis, comme à son habitude, elle répondit avec assurance :

— Le Paradis.
— Betty, dit Pierre, pouvez-vous m'apporter le dossier de madame ?

La jeune fille à la tête d'éléphanteau apporta un énorme dossier qu'elle déposa sur le bureau. Pierre le feuilleta.

— Je vois que madame s'est donné du mal.
La grande actrice sourit.

— Mais, ajouta Pierre, savez-vous que cela n'a plus aucune importance ici ?
— Pardon ?
— Eh oui ! rétorqua-t-il avec évidence. Ici, c'est l'Infini, c'est le terminus. Je ne suis là que pour les formalités.

La grande actrice ne comprenait pas.

— Vous ne pensiez tout de même pas que Dieu était concerné par le jugement ? Il ne sait même pas ce que c'est.

Elle ne comprenait toujours rien à ce qu'il racontait, mais n'osait pas le dire. Elle reprit :

— Mais l'Enfer ?

Pierre rit.

— L'Enfer n'est pas, madame, c'est juste un mauvais rêve que l'on vend sur Terre, un songe, une bouffonnerie.

— Mais enfin, que faites-vous des criminels, des violeurs, des...
Elle faillit dire des ratés, mais se retint.

— Au Paradis, bien sûr, comme tout le monde, répondit-il.
— Mais il n'y a pas de justice ? s'indigna-t-elle.
— Aucune. La justice, c'est sur Terre. N'êtes-vous pas heureuse d'en finir avec tout cela ?
— Mais ce n'est pas possible. Vous ne pouvez pas réserver le même sort à un assassin qu'à un honnête homme !
— Pourtant si... Et puis, finalement, les choses s'égalisent. Un criminel a souvent eu une vie difficile sur Terre, quand un honnête homme en a souvent eu une belle.

(Ici, Pierre songea au fait que son exemple n'était peut-être pas si pertinent qu'il le pensait, qu'il était même aisément réfutable. Mais enfin, comme toute chose, se dit-il.)

— Comment cela, « s'égalisent » ?

— Eh bien, reprit-il, après une existence de souffrance, le criminel connaît un instant de bonheur en apprenant qu'ici tout s'annule, tandis qu'après une belle vie, l'honnête homme connaît un instant de vertige, en comprenant que sa bonne conduite ne changera rien à son sort. C'est ce que vous vivez en ce moment.

La confusion de l'actrice grandissait.

— Mais le Jugement dernier alors ?

— Oh ! Une boutade. Ou plutôt un malentendu. Le Jugement dernier ne veut pas dire que c'est moi qui vais vous juger – je ne comprends pas non plus ce que ce mot veut dire –, mais que c'est à vous d'exprimer votre dernier jugement, si vous le souhaitez, avant d'aller au Paradis, car là-bas, cela n'existe plus.
— Je ne comprends pas.

Pierre la regarda.

— Pour aller au Paradis, vous devez simplement admettre, en jurant, la main sur cette orange – il y avait une grosse orange verte sur son bureau –, que vous n'avez jamais été responsable de quoi que ce soit durant toute votre vie.

— Pardon ?
— Si vous l'admettez, ce sera votre dernier jugement – votre Jugement dernier. Vous comprendrez tout cela au Paradis. Si vous refusez, vous retournerez sur Terre.

Elle était désormais interdite. Après un long temps, elle demanda :

— Voulez-vous dire que je dois renier le fait que je suis responsable de ma vie ?
— Absolument ! s'exclama Betty.

L'actrice lança un regard menaçant à l'éléphanteau, puis s'adressa de nouveau à Pierre.
— Vous plaisantez ?
— Pardonnez Betty pour cette interruption intempestive, mais c'est bien cela, oui.

La grande actrice sentait la colère monter. Que saint Pierre fût chinois l'avait d'abord troublée, ensuite qu'il tînt des propos sibyllins ne lui avait guère plu – elle aimait les choses claires et nettes, et croyait que sa raison était le miroir du monde –, mais qu'à présent, un éléphanteau insolent lui enjoignît de renier ce qu'elle avait passé sa vie à construire, c'est-à-dire sa propre existence, c'était trop.

Elle s'offusqua :

— Mais enfin, j'ai passé ma vie à travailler, à m'efforcer, à me sacrifier pour devenir celle que je suis ! J'ai fait plus de cent films, vendu des millions de disques, j'ai lutté contre la maladie, soutenu des dizaines d'associations, fondé plusieurs orphelinats à travers le monde ! Comment osez-vous me demander de dire que je n'en suis pas responsable ?
— Comment osez-vous prétendre que vous l'êtes ? rétorqua Betty.

— Mais c'est de la folie furieuse ! s'énerva l'actrice. Qui serait responsable à ma place ?!
— Le chocolat, affirma Betty, en pouffant.
— Betty ! dit sévèrement Pierre.

La grande actrice commençait à bouillir.

— Écoutez, chère madame, déclara le saint, le Paradis, si étonnant que cela puisse paraître, en vérité, vous y êtes déjà. Seulement – c'est là le grand drame de la vie terrestre – comme la plupart des êtres humains, vous ne vous en rendez pas compte.

Ici, nous vous donnons l'occasion d'en finir avec le *jugement* et, par conséquent, d'aller au Paradis.

Tout ce que vous avez à faire, c'est de reconnaître que l'ensemble de votre existence a été l'œuvre de Dieu, de l'Infini, ou du chocolat, comme dirait Betty. Ici, les mots n'ont plus aucune importance...

— En ont-ils jamais eu ! s'esclaffa Betty.

— Betty ! gronda Pierre encore une fois. Arrêtez sinon nous n'allons jamais y arriver.

— Pardon, dit Betty en rougissant un peu.

Pierre s'adressa de nouveau à l'actrice :

— Autrement dit, reprit-il, si vous admettez simplement qu'il n'y a que Dieu, l'Un, ce qu'on ne peut pas nommer, en somme...

— Et moi ? l'interrompit-elle.

— C'est précisément cela qu'il faut conjurer.

— Mais pourquoi ne me considérez-vous pas ?

— Au contraire, vous n'avez jamais été autant considérée, croyez-moi.

Seulement, nous vous considérons sous votre angle paradisiaque, total, absolu. Je sais que cela peut être très déboussolant au début, mais faites-moi confiance, vous serez gagnante.

— Mais mes opinions, mes idées, mes combats ? J'étais reconnue pour être une des grandes voix de la raison, du progrès !

— Nous ne nous occupons pas de cela ici. D'ailleurs, croyez-vous vraiment être réductible à vos opinions, vos idées, vos combats ?

La grande actrice garda le silence.

— Vous vous sous-estimez, finalement. Il n'y a que sur Terre que ces poussières ont de l'intérêt.

— Ces poussières ?!

— Mais oui, dit Pierre affectueusement.

— Mais enfin, je suis...

— Je sais, vous êtes admirable. Mais cela n'a aucune importance ici. Et pour être vraiment transparent avec vous, cela n'en a aucune en bas non plus.

Elle avait l'impression d'être face à un fou. La situation devenait insupportable.

— Je peux retourner sur Terre, dites-vous ?

— Tant que vous penserez être responsable, c'est ce qui arrivera.

La grande actrice hésitait encore. Car bien qu'elle ne comprît absolument rien à ce qui se passait depuis le début de l'entretien, elle était saisie par la verticalité de Pierre, par sa parfaite sérénité.

Même quand il interrompait Betty, elle sentait en lui une profonde justesse. Et cela frappait sa fibre artistique.

Et puis, il restait ce mot, « Paradis », qui continuait à lui faire un certain effet...

Tout à coup, elle vit Pierre sortir un grand pot de tabac d'un de ses tiroirs, des feuilles et des filtres, et commencer à se rouler une cigarette en sifflotant.

— Vous fumez ? dit-elle, scandalisée.
— Oui, c'est un de mes grands plaisirs, lui répondit-il en souriant.

À ces mots, elle n'y tint plus. Elle s'écria :

— Je veux revenir sur T...

Elle n'avait pas fini sa phrase qu'elle était sur Terre.

L’histoire ne dit pas si sa grandeur continua à lui cacher l’innocence du monde.

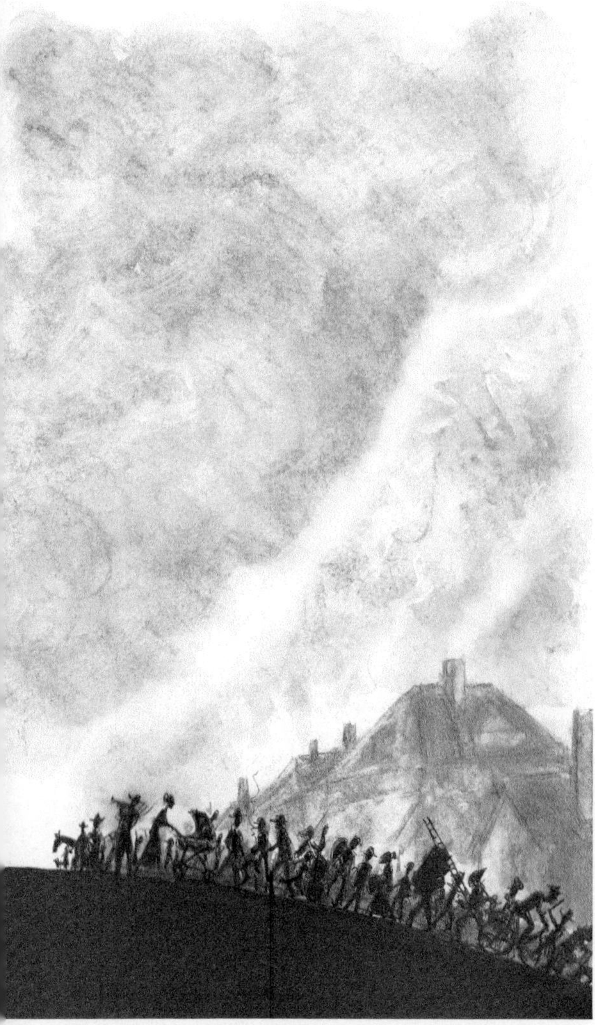

Le génie démasqué

Pendant vingt ans – il en avait maintenant quarante – un sculpteur n'avait que très peu produit, ou rarement fini ses œuvres.

Ainsi, il avait acquis la triste renommée, auprès de son voisinage et des cercles artistiques de la ville, d'être un homme bizarre, marginal, ou pour reprendre leur terme, quelqu'un d'infréquentable.

Si encore il avait été sympathique, s'il s'était prêté au jeu social, on lui aurait peut-être pardonné son étrangeté. Mais en plus d'être un raté – car c'était cela que son entourage pensait véritablement de lui – il avait un air farouche, sévère, radical, et à travers son allure athlétique, on sentait qu'il ne s'excusait en rien d'être celui qu'il était, ce qui aggravait encore son cas.

Les gens de son quartier, d'ailleurs, qui le voyaient entrer et sortir tous les jours de son atelier, ou errer des heures dans la ville avec son long manteau élimé et maculé de plâtre, les mains rougies par l'argile, s'en donnaient à cœur joie contre lui :

« Mais que peut-il bien faire de ses journées ? Serait-il fou ? » Ou : « Un parasite, c'est tout ! Et malsain avec ça... » Ou encore : « On travaille à cet âge-là ! »

Pourtant – il est souvent de ces sortes de malentendus entre les hommes – si ce sculpteur vivait isolé, produisait peu, parlait encore moins, et avait toujours la même figure butée et burinée par la réflexion, ce n'était pas pour déplaire à ses contemporains, mais parce qu'il cherchait fiévreusement, en observant la nature, à maîtriser la raison des courbes, la science des volumes, la mathématique de la lumière, pour pouvoir peut-être, un jour – il en tremblait rien que d'y penser –, se permettre de créer une œuvre d'art.

« Une émotion, ça se mérite, avait-il dit à un ami dessinateur.

Vois-tu, avait-il ajouté, pour moi, l'art, c'est le cœur de la vie, c'est ce qu'il y a de plus pur, de plus propre, de plus intact, et comme il me semble qu'on ne peut pas s'abandonner à l'amour avant d'être totalement libre de soi, sous peine de se nier dans l'autre, on ne peut pas se livrer à la sculpture avant d'avoir percé les lois sacrées de l'Univers, sous peine de nier l'esprit vibrant de la matière. »

Il avait conclu avec cette phrase sibylline :

« Mais j'approche, je commence à percevoir une certaine géométrie invisible dans les phénomènes. »

Et effectivement, le sculpteur approchait. Il approchait tellement qu'après toutes ces années d'effort, d'incompréhension et de solitude, il sut un jour – ce fut comme un éveil – qu'il connaissait l'âme du mouvement et des proportions.

Dès cet instant, en l'espace d'une année à peine, il enchaîna chefs-d'œuvre sur chefs-d'œuvre, car fort de sa maîtrise, il s'était enfin permis de libérer l'immense créativité qui sommeillait en lui, et de laisser libre cours à sa féminité, sa fantaisie, son imagination, sa folie, en un mot son émotion.

Quand cette année surabondante s'acheva, il exposa ses sculptures au public. Et quelle ne fut pas la stupéfaction des élites de la capitale.

À travers ses danseuses qui saisissaient magiquement le mouvement vital, ses corps de héros d'où se dégageait une énergie prodigieuse, ses bêtes dont on ne pouvait plus douter qu'elles eussent une âme en les voyant, ses *abattis* frémissants, ses formidables visages d'hommes illustres, ou ses gueules cassées – pour lui, la beauté était partout –, chacun éprouvait comme le langage de Dieu, comprenait l'innocence des formes, était ramené à la part la plus entière de lui-même.

Les plus sots, malgré la commotion qui les frappait, demeuraient encore trop vexés ou trop mesquins pour ne pas reconnaître le génie de cet artiste dont ils n'avaient cessé de médire.

Mais les plus intelligents eurent honte en voyant la profondeur de son humanité saillir à travers toutes ces créations. Ils comprenaient soudain que durant toutes ces années, cet homme seul et intempestif avait, en vérité, passé son temps à travailler, à observer, à méditer sur toutes les apparences de la nature dans le seul but d'offrir ce trésor de beauté aux êtres humains.

Quant à notre sculpteur, il n'en voulait à personne. Il ne jouissait même pas de ce moment, de ce semblant de revanche sur tous ceux qui l'avaient méprisé, car bien qu'il eût parfois connu la colère, le ressentiment n'avait jamais été son combustible – on ne peut créer qu'en aimant.

Il savait simplement qu'il avait réalisé son rêve, et était heureux d'avoir enfin pu exprimer ce qu'il pressentait, lui qui n'avait jamais compris la vie mondaine et n'avait toujours vécu que pour cette présence inaltérable, ce fatum de splendeur, ce génie qu'il devinait partout, dans chaque phénomène, mais que les préjugés des hommes ne cessaient de voiler.

Une chose, pourtant, le travaillait encore après cette déflagration artistique couronnée de succès, c'était une sensation étrange qu'il avait eue après avoir achevé chacune de ses œuvres.

Il savait qu'il avait réussi à saisir la vie intérieure de la matière, la poésie des corps, cette vibration divine qui fait le grand art et nous arrache aux formes de l'existence prosaïque. Pourtant, dès qu'il terminait une statue, si géniale fût-elle, il avait la curieuse impression de voir sa bêtise, son vide, son manque flagrant de substance et de réalité.

Il avait beau tourner autour de sa pièce pour vérifier les proportions, la vigueur des mouvements, le contraste de l'ombre et de la lumière à travers les différents volumes, et retrouver tout ce qu'il avait voulu exprimer, quelque chose en lui persistait à dire « ce n'est que ça... », comme ces héros qui semblent rester sur leur faim après un exploit.

Il médita quelque temps sur cette sensation pour essayer d'y voir plus clair. Il voulait comprendre comment cette intensité qui l'animait, ce feu auquel il avait consacré sa vie et qui l'enthousiasmait tant – qui l'avait même porté dans son parcours parfois si difficile – pouvait, une fois mis en forme, lui paraître si bête, si froid, si plat.

Il ne parvint pas à le comprendre tout de suite mais, se dit-il, puisqu'il avait formulé le problème, la moitié du chemin était faite, et la réponse viendrait un jour.

Elle arriva vingt ans plus tard.

Un matin, alors qu'il était dans son atelier, et qu'il travaillait sur une pièce qui l'occupait depuis des mois, il fut frappé par cette évidence en sentant son bloc d'argile prendre forme sous ses mains : « Aller au bout d'une œuvre géniale, c'est arriver à sa bêtise. »

Et son esprit fit le reste.

Il avait toujours cru que cette présence, cette gloire, ce génie qu'il tâchait de reproduire dans ses sculptures, était la vie elle-même, l'essence de la vie qui animait toutes les formes.

Or il découvrait, après l'avoir épuisé à travers ses créations, que ce génie n'était finalement qu'une forme parmi les autres, qu'il n'avait aucune réalité en lui-même, qu'il ne tirait son élan, son éclat, son sacre que du contraste avec les expressions plus mornes de la vie quotidienne que le sculpteur avait passé sa vie à fuir.

C'était la raison pour laquelle il n'avait cessé de ressentir une sensation déconcertante lors de l'achèvement de ses œuvres. Au moment même où le génie était formalisé, conquis, fixé dans le bronze ou dans le marbre, il perdait instantanément sa force de comparaison qui constituait sa seule existence, et il ne répondait plus qu'à lui-même.

Et dans sa singularité sans miroir, il dévoilait sa simplicité, son idiotie, son néant.

« Mais alors, se demanda le sculpteur, où est cette Éternité que je n'ai cessé de pressentir et à laquelle j'ai dédié mon existence, si elle n'est pas dans cette forme de vie divine, sublime, verticale ? »

Il eut le génie de ne pas avoir la bêtise de répondre à une telle question.

Un grand moraliste

Un gentilhomme était connu pour son sens de l'honneur et sa vaillance.

Il avait fait sa vie dans le métier des armes, défendu la veuve et l'orphelin, accompli de nombreux exploits, jusqu'au jour où une balle de mousquet lui traversa la cuisse.

On le rapatria à la capitale pour qu'il pût bénéficier des meilleurs soins, et retrouver le plus tôt possible l'usage de sa jambe.

Les chirurgiens firent tout ce qu'ils purent, et le firent bien, ce qui permit au gentilhomme de rapidement remarcher à l'aide d'une canne.

Mais une longue période de convalescence était nécessaire avant qu'il pût recouvrer son allant naturel et remonter à cheval, et les médecins insistèrent pour qu'il restât en ville afin de suivre l'évolution de son rétablissement.

Ainsi, cet homme d'épée, habitué aux duels et aux champs de bataille, força quelque peu sa nature, et tâcha de profiter des joies de la vie citadine.

Il assista à des concerts – il aimait beaucoup la musique –, participa à quelques beuveries avec d'anciens compagnons d'armes, fréquenta les cabarets et, à défaut d'assiéger des villes, conquit quelques cœurs.

Un soir, l'une de ses maîtresses, une célèbre précieuse, lui proposa de l'accompagner dans un des salons les plus réputés de la ville.

Là, lui dit-elle, se retrouvaient les plus grands esprits du temps : des philosophes, des dramaturges, des romanciers, des théologiens comme des hommes de science.

— Cela devrait hautement vous intéresser, ajouta-t-elle, car les discussions du moment portent sur l'un des débats les plus profonds qui se soient jamais engagés sur l'Homme.

— Un débat sur l'Homme ? demanda, curieux, le militaire.

— Oui, on s'interroge sur son essence. L'Homme est-il fondamentalement grand ou fondamentalement bas ? Autrement dit, ses plus hautes valeurs proviennent-elles de sa gloire ou de son amour-propre ?

Le gentilhomme n'était pas un penseur, mais il avait toujours considéré qu'il existait une part sacrée dans l'Homme, une source gratuite et lumineuse, un fond de liberté absolue qu'il assimilait justement à la gloire.

C'était d'ailleurs cette gloire qu'il pressentait en lui, ainsi que chez tous les hommes dignes de ce nom, qu'il aimait célébrer à travers les valeurs chevaleresques comme la loyauté, la constance, le courage, l'éclat, l'amour et la magnanimité.

Il suivit donc la précieuse jusqu'à l'hôtel particulier de Mme de S… où se tenait son fameux salon.

Quelle ne fut pas sa stupeur quand il vit que tous ces gens de lettres et de science – qui s'étaient baptisés « moralistes » – récusaient toutes les valeurs qui avaient guidé son existence.

— Ces valeurs, affirma un duc qui se piquait de philosophie, sont un effet de notre amour-propre, voile vaniteux posé sur le fond véritable de l'Homme qui n'est qu'égoïsme, avidité, convoitise ; en un mot passion de dominer.

— Et la grâce ? demanda une baronne.
— Elle est impossible à l'Homme, répondit un abbé au visage sévère.
— La grâce, la gloire, nommez-la à votre guise, renchérit le duc, est d'un autre ordre : divin, céleste, surnaturel. Or l'être humain, fondamentalement, est nature, instincts, pulsions. Ainsi, ses plus hautes valeurs ne peuvent provenir que de ce fond obscur, de ces profondeurs matérielles qui sont notre être essentiel.

Le gentilhomme était abasourdi par ces paroles. Il se crut même trahi par ses sens lorsqu'il entendit le duc conclure avec un sourire triomphal :

— L'acte, en apparence le plus désintéressé, ne peut être que le fruit de l'intérêt ; l'impression de la lumière la plus pure, l'œuvre de nos instincts les plus noirs.

La précieuse, indignée, protesta :
— Et la grandeur ?
— Ne soyez pas la dupe de votre esprit, ma chère, intervint un marquis avec suffisance. Le moindre coup d'œil dans nos profondeurs suffit à démontrer que ce n'est pas notre vertu qui commande nos actes, mais notre désir. Bien que nous croyions agir loyalement, nous sommes toujours le jouet de notre concupiscence.

Le gentilhomme se sentait bouillir.

— Tout n'est donc qu'amour-propre ? demanda la précieuse.

— Madame, celui-là même qui envisagerait de transcender son amour-propre, afin de prouver qu'il n'y a pas que l'amour-propre, ne pourra jamais le faire que par amour-propre.

Un frisson d'admiration parcourut l'assistance.

Un vieux savant, qui était resté muet jusqu'ici, hocha la tête, et déclara doctement :

— Décidément, l'Homme n'est jamais aussi grand que lorsqu'il se reconnaît misérable.

Le gentilhomme sortit chancelant de cette soirée.

Il avait toujours eu une relation trop organique à la valeur, à travers l'honneur des armes, les grandes amours qu'il avait connues, ou encore l'art qui l'avait si souvent ravi, pour penser que les plus hauts sentiments ne pussent être motivés que par la vanité humaine.

Pourtant, quelque chose de nouveau, d'inouï, d'innommable même, dans cette psychologie des profondeurs, l'avait troublé. En même temps qu'il sentait la théorie de ces salonniers profondément fausse, il devinait en elle une vérité de surface, une vérité dangereuse qui venait bousculer ses certitudes.

En bon chevalier qu'il était, il ne pouvait reculer devant ce péril.

Ainsi, comme on repart à l'assaut, il retourna souvent dans ce salon où ce débat se poursuivit avec toujours plus d'intensité pendant des mois.

Et plus il y retournait, plus cette nouvelle façon de voir ébranlait son assurance.

C'était un militaire, un homme d'action, peu enclin aux arguties, et ces penseurs lui ouvraient un monde qu'il ne connaissait pas, un monde inconnu, subtil, trompeur, qui interrogeait ses principes et fascinait sa simplicité.

En outre, bien qu'une part de lui continuât de tenir bon sur la grandeur de l'Homme, il se devait également de reconnaître qu'une autre part de lui-même l'avait toujours animé, celle de l'orgueil, du défi, de la parade, de la fierté, dont il ne pouvait dénier la nature égotique.

« Et s'ils avaient raison ? songea-t-il un jour, comme frappé par la foudre.

Et si l'honneur, que je croyais essentiel, n'était finalement qu'intérêt ?

Et si la vaillance, que je prisais tant, n'était que passion de dominer ?

Et si l'amour, que je jugeais chevaleresque, n'était qu'une vulgaire volonté d'être aimé ?

Et si le sublime, dont je nimbe les plus grands artistes, n'était qu'un désir fat de plaire et de briller ?

Et si la gloire elle-même n'était que le masque le plus admirable – c'est-à-dire le plus fallacieux – dont se servait l'Homme pour ne pas voir sa misère et sa vanité ? »

Il fut saisi d'un profond abattement.

Il se mit à douter de lui-même, ce qui revient à la mort pour un chevalier qui tient sa valeur de son unité d'âme.

Toutes ces complications ne s'accordaient pas à son caractère net, franc, martial. Toutes ces ambiguïtés le tuaient à petit feu. Il était en train de perdre son centre même, son ardeur, sa clarté. Il n'osait même plus croire en sa superbe. Il allait mal.

Pourtant, son sens de l'honneur – impitoyable aiguillon – le ramenait toujours dans le salon de Mme de S..., car il eut préféré mourir de voir l'inanité de ses valeurs plutôt que de feindre des sentiments illusoires.

Une seule personne lui mit du baume au cœur durant cette période difficile.

C'était un peintre, venu d'un royaume étranger, qui n'assistait à ces réunions que pour observer les caractères, et s'en inspirer pour ses toiles.
Partageant la même vision optimiste de la condition humaine, ils s'étaient liés d'amitié.

Le peintre lui conseilla de ne pas trop écouter ces salonniers, si illustres fussent-ils, car les choses n'étaient jamais blanches ou noires. Le débat même lui semblait mal posé.

Un soir, au sortir d'une discussion où les moralistes s'en étaient donné à cœur joie, laissant le gentilhomme particulièrement affligé, son ami eut ces paroles :

— Il n'y a pas Dieu d'un côté, et la nature déchue de l'Homme de l'autre, ce serait trop facile.

— Que faites-vous de la valeur ? répliqua le gentilhomme.

— Vous ne devriez pas vous tourmenter à ce sujet, car si les passions travesties existent – il suffit d'aller à la cour –, les passions éclatantes existent aussi – il suffit de se rendre dans un atelier d'artiste ou sur un champ de bataille.

— C'est vrai, concéda le gentilhomme.

Le peintre poursuivit :

— Tout être humain, d'ailleurs, connaît instinctivement la noblesse ou la mesquinerie d'une action. D'où viendrait sinon ce sentiment immédiat et universel du sublime et de la gloire qui est commun à tous les hommes ?

Le gentilhomme secoua la tête.

— Oui, mais l'ego y prend part...

— C'est là tout votre trouble, l'interrompit le peintre, mais ça ne change rien profondément. Car si une frustration, un désir de revanche ou la volonté d'accaparer tous les suffrages peuvent accompagner une grande action, ils n'en seront jamais le combustible.

Croyez-vous vraiment que la fatuité suffise à créer un paladin ? Il ne tiendrait pas un instant face à l'adversité s'il n'était fait que de ce bois-là. L'ego sera toujours secondaire chez les grands hommes.

Le gentilhomme ne répondit pas.

— Et puis, conclut le peintre avec un sourire malicieux, n'avez-vous pas remarqué que leur entreprise de démolition de la grandeur se trahit elle-même par sa méthode ? Car si la vertu n'est en fait que du vice, ou la gloire que de la vanité, ne parlent-ils pas finalement que de vice et de vanité ?

Ne vous inquiétez pas, ils n'empêcheront jamais le soleil d'être le soleil, et de briller, et la boue d'être la boue, et de tacher.

Cette discussion avec le peintre, et d'autres qui suivirent, le réconfortèrent.

Toutefois, bien qu'il reconnût le parfait bon sens de ces propos – il savait bien que la gloire n'était pas la gloriole, ou que la gratuité n'était pas la convoitise –, quelque chose qu'il lui était encore impossible de formuler continuait à le hanter. Et le soupçon jeté sur la source lumineuse de l'Homme demeurait.

Il devenait nécessaire au gentilhomme de prendre ses distances avec ce débat qui mettait depuis des mois son esprit au supplice – une situation qu'il jugeait malsaine. Quelque temps loin de la ville lui ferait le plus grand bien.

Le désir de revoir une amie qui lui était chère s'imposa à son esprit.

C'était une comtesse d'une grande intelligence, qu'il avait toujours considérée comme une héroïne de tragédie tant son intégrité l'impressionnait.

Elle s'était retirée, seule, dans son château à la campagne pour fuir l'esprit de cour et ses intrigues, dont elle estimait qu'il gangrenait la ville. Il lui écrivit donc pour lui faire part de son tourment.

Peu de temps après lui parvint cette percutante et chaleureuse missive :

Je connais cette engeance. Ils ne parlent finalement que d'eux-mêmes. Comme ils ne perçoivent pas la grandeur, ils regardent les héros à travers leurs yeux retors, et ces géants finissent par leur ressembler.

Quand un homme de lettres s'imagine chevalier, il ne demeure plus que l'amour-propre. Un véritable prodige !

Venez au plus vite, mon ami. L'air de la campagne vous fera retrouver la raison.

Dès le lendemain, à l'aube, le gentilhomme prit une voiture – sa jambe n'était pas encore parfaitement rétablie – et se mit en route pour la rejoindre.

Le voyage se déroula sans encombre, mais voilà qu'à la fin du trajet, tout près de chez la comtesse, une roue de la voiture se brisa dans une ornière. Impossible de la réparer sur place, il fallait la remplacer.

Le cocher entreprit alors de dételer les chevaux afin de retourner au dernier relais de poste.

Le gentilhomme se montra philosophe.

— Je terminerai à pied, dit-il au cocher. Il ne reste que peu de route et cela me fera le plus grand bien.

Sa canne à la main, il s'apprêtait à partir lorsque le cocher s'interposa, et le regardant droit dans les yeux, lui rendit la somme dont il s'était acquitté pour le voyage.

— Ma tâche n'a pas été faite comme elle aurait dû l'être, lui déclara l'homme sans aucune affectation, mais avec une simplicité digne. Je ne peux pas accepter votre argent.

Et sans lui laisser le choix de refuser son geste, le cocher lui tourna le dos et partit achever de dételer les chevaux.

Plus que par cette restitution inattendue, le gentilhomme fut surtout touché par la qualité d'âme de ce serviteur, par son évident sens de l'honneur. Dans le regard et à travers l'inflexion de la voix du cocher, il avait su, instantanément, que cet homme n'agissait pas par amour-propre ou intérêt – quel intérêt ? – mais simplement parce que quelque chose en lui, d'impersonnel et de transcendantal, voulait qu'il en fût ainsi.

« Et ils prétendent qu'il n'y a pas quelque chose dans l'Homme de plus grand que l'Homme, songea-t-il. Quel aveuglement ! »

Touché, il remercia le cocher et s'en alla.

Arrivé à la lisière du bois qui bordait le domaine de la comtesse, il entendit ferrailler.

À quelques toises de distance, il aperçut un homme, l'épée à la main, faisant face à trois autres, armés de piques. Recroquevillée près d'un arbre, une femme les regardait, pétrifiée d'effroi.

En un instant, le gentilhomme comprit ce qui se passait. Ce cavalier – on voyait sa monture s'ébrouer à quelques pas – avait, de toute évidence, volé au secours de cette paysanne – c'était une très jeune fille, comme le constatait maintenant le gentilhomme – attaquée par trois malandrins.

Son sang ne fit qu'un tour. Il hâta le pas autant qu'il pût, peinant avec sa canne dans les hautes herbes, mais il n'avait pas couvert la moitié de la distance que le cavalier avait transpercé de son épée le premier brigand, blessé grièvement le deuxième et mis en fuite le troisième.

Le gentilhomme le vit aider la jeune fille à se relever, et lui couvrir les épaules de son manteau.

Puis, sans un mot, l'homme monta sur son cheval et partit au galop. Après l'avoir suivi des yeux quelques instants, la paysanne s'éloigna également et disparut.

La scène avait été héroïque. Le gentilhomme était ébahi.

Il admirait la bravoure de ce cavalier venu en aide à une femme en détresse. Mais ce qui le frappait, c'est qu'il avait là une preuve éclatante que ce héros n'avait pas agi pour les beaux yeux des arbres et des oiseaux.

Cet homme était simplement animé par cette dimension libre et infinie, par cette *surnature* qui valait plus que la vie elle-même, et qui entraînait parfois ceux qu'elle traversait, quand ils la sentaient entachée par l'injustice, à risquer jusqu'à la mort.

« À une grande vanité près, les héros sont faits comme les autres hommes », avait dit un moraliste du salon qu'il avait fréquenté. Sur le moment, il avait jugé cette maxime tellement indigne qu'il avait failli souffleter son auteur et le provoquer en duel.

« Quelle bassesse ! se dit-il. Comment peut-on croire qu'un tel panache puisse se résumer à une simple histoire de vanité ? C'est justement l'inverse : c'est l'amour-propre et la vanité qui préviennent tout héroïsme ! »

Encore plongé dans ses réflexions, il arriva enfin chez la comtesse sous un soleil sans nuages – il devait être aux alentours de midi. Il fut chaleureusement accueilli.

Elle savait qu'il aimait les discussions prolongées en tête-à-tête autour d'un bon repas, aussi lui fit-elle préparer un fastueux dîner composé d'huîtres, de pâté de faisan, de tourtes à la crème, de pigeons aux champignons, et d'une succulente compotée de poires à la cannelle.

Ils revinrent ensemble sur ce grand débat qui le préoccupait tant. Elle lui répéta combien elle était d'accord avec lui, combien elle ressentait également cette part sacrée de l'Homme, cette source glorieuse qu'elle retrouvait partout à l'œuvre dans la nature, que ce soit à travers la majesté de la flore, ou à travers la pureté de la faune.

– Désormais, la noblesse évolue à la cour, acheva-t-elle, l'épée s'est changée en robe, un bon mot peut aujourd'hui vous faire baron. Comment voulez-vous que ces gens comprennent quoi que ce soit à la grandeur silencieuse qu'adoraient nos aïeux ?

En écoutant parler la comtesse, le gentilhomme se rappela combien il aimait cette femme, le profond respect qu'il avait pour elle, l'admiration même, et ce parfum de paix, de bonheur, de plénitude qu'il retrouvait chaque fois qu'ils partageaient un moment ensemble l'envahit à nouveau. Il aurait aisément pu mourir pour elle.

Soudain, une maxime du même insensé remonta à sa mémoire : « Si l'on juge l'amour par la plupart de ses effets, il ressemble plus à la haine qu'à l'amitié. »

« Mais de quel amour parle-t-il ? De quels effets parle-t-il ? pensa le gentilhomme. Je ne vois entre la comtesse et moi que tendresse, écoute, gratuité. Comment peut-il ravaler ainsi l'un des plus grands sentiments à un commerce jaloux et calculateur ? »

Après le dîner, la comtesse pria son hôte de la suivre jusque dans la grande salle où une surprise l'attendait.

Là, l'un des plus grands musiciens du royaume était assis, sa viole de gambe à la main.

Elle l'avait fait mander spécialement dans le plus grand secret. Il était arrivé la veille, acceptant d'interpréter quelques-unes de ses dernières compositions pour la comtesse et son invité. Le gentilhomme en fut profondément ému.

Face au violiste, il fut fasciné par son austérité, ainsi que par l'aura profonde et impénétrable qu'il dégageait. L'homme paraissait seul au monde.

Dès les premières notes du musicien, il comprit qu'il avait affaire à un immense artiste. Son jeu pur, sans fard, presque mathématique, semblait raconter le fatum du monde, ce qui bouleversait le gentilhomme.

Mais ce qui le frappa, une fois de plus, c'était de voir que ce violiste ne jouait absolument pas pour plaire, pour récolter quelques suffrages que ce fût, mais qu'il était seul avec l'esprit de la musique, qu'il se libérait à travers son art, qu'il aimait enfin.

Chacune de ses sonates, toutes plus sublimes les unes que les autres, n'était là que pour rendre grâce à cette source suprême et universelle qui reposait en chaque homme.

« Comment osent-ils prétendre, pensa encore le gentilhomme, interdit, qu'une telle célébration puisse être l'œuvre de la convoitise ? »

Tous les événements de cette journée lumineuse – l'honneur du cocher, la vaillance du cavalier, l'amour de la comtesse, le sublime du musicien – lui avaient fait ressentir à nouveau, organiquement, absolument, évidemment, cette source valeureuse qu'il pressentait.

Pourtant, sans pouvoir se l'expliquer, sans même qu'il sache pourquoi, il doutait encore.

« Et si je me trompais ? se répéta-t-il pour la énième fois. Et si les moralistes avaient raison ?

Et si tous ces sentiments magnifiques, si purs en apparence, si indéniables, n'étaient véritablement que des chefs-d'œuvre d'imagination, ourdis dans nos profondeurs par notre ego, pour épanouir nos instincts sous le masque de la grâce et de la splendeur ? »

Il s'assombrit soudainement.

Alors que le crépuscule venait d'envahir le décor de sa lumière féerique, le gentilhomme fut pris du désir d'aller se promener, seul, promettant à son amie d'être de retour pour le souper.

Était attendue madame la marquise – la mère de la comtesse –, une femme sèche et hautaine qui lui déplaisait fort.

Appuyé sur sa canne, il s'en alla sous les arbres.

Le chemin menait à une grande plaine.

À peine avait-il quitté l'ombre des branches que surgit des fourrés un cerf magnifique, à l'allure majestueuse.

Ils se regardèrent.

Le moment était inouï. Le gentilhomme ne bougeait pas, n'avait pas peur, mais il était saisi par la beauté de l'animal, par sa fierté absolue. Il avait l'impression d'être devant un roi légendaire. Ce cerf paraissait même plus grand qu'un roi, que tous les princes que l'homme avait imaginés. C'était la gloire elle-même.

Ce face-à-face indescriptible ne dura que quelques instants. Puis le cerf repartit superbement à travers la plaine, et s'enfonça dans la forêt.

Dès cet instant, le gentilhomme comprit qu'il en avait fini pour toujours avec le soupçon qui l'avait tourmenté si profondément ces derniers mois. Il savait.

Il savait avec certitude que ce cerf ne s'était pas tenu devant lui comme un Dieu pour paraître ni pour plaire, mais qu'il n'avait fait qu'être, et que sa gloire était l'œuvre inviolable de la vie.

Où était sa vanité ?

Où était son désir de postérité, dont les moralistes voulaient qu'il fût l'un des principaux motifs de la grandeur ?

Que cachait ce cerf ?

Cherchait-il, à travers sa posture sublime, à voiler sa nature sombre et égotique ?

Et s'il pouvait voir ses profondeurs, découvrirait-il que sa splendeur n'était qu'une ruse de son amour-propre ?

Enfin, n'était-il grand que par la conscience de sa misère ?

Quand il s'imagina prononcer cette dernière question, le gentilhomme éclata de rire.

Il percevait enfin clairement la bêtise des salonniers qui refusaient tout simplement de voir l'innocence des valeurs ; qu'il y avait la gratuité *et* la convoitise, la grandeur *et* l'intérêt, la gloire *et* la vanité, comme il y avait des roses *et* des marais.

Il se souvint alors de ces paroles de son ami peintre : « Ils n'empêcheront jamais le soleil d'être le soleil, et de briller, et la boue d'être la boue, et de tacher », et contempla l'horizon.

Il rentra victorieusement de sa promenade sous une fine bruine, sa canne se balançant dans sa main. Sa douleur à la jambe semblait s'être envolée en même temps que ses soucis.

Il se rendit dans sa chambre, mit ses vêtements à sécher près du feu, et cira ses bottes avant le souper.

C'est là, encore transporté par sa révélation, presque malgré lui, qu'il réussit à formuler la cause de l'erreur des moralistes, leur confusion fondamentale.

« Ils confondent la vie avec l'amour-propre ! se dit-il. Tout est là. Ils pensent que l'ego peut être à la source des actes, mais c'est impossible.

L'ego ne peut rien, il ne crée rien, ce n'est qu'une pensée ! Il ne peut venir que limiter l'éclat, la grandeur, la gloire de la vie, lorsque l'on existe à travers ses projections et ses calculs.

D'ailleurs, poursuivit-il, les profondeurs ne sont pas noires, obscures, intéressées, mais neutres. C'est l'Homme qui vient les colorer avec ses actes, et qui les rend égotiques ou sublimes.

Et quand il les rend sublimes, elles le sont parfaitement, à l'instar de ce cerf magnifique. C'est alors la vie qui se célèbre elle-même !

Oui, la valeur existe ! acheva-t-il, inspiré. L'honneur existe. La vaillance existe. L'amour existe. Le sublime existe. La gloire existe. »

Lors du souper, il fut rayonnant.

Il était dans un tel état de grâce que la vieille marquise qu'il détestait – il trouvait également fort vilain le vieux chat qu'elle arborait toujours sur ses genoux – lui apparut sous un jour nouveau.

Certes, il retrouvait sa méchanceté, sa bigoterie, sa petitesse – c'était l'antithèse de sa fille –, mais il fut étonné de voir que cette méchanceté, cette bigoterie et cette petitesse, dont la marquise ne se priva pas de faire, une fois de plus, quelques démonstrations, étaient la perfection même.

Profondément, qu'est-ce que cette marquise avait de moins que tous les superbes personnages qu'il avait rencontrés dans la journée ? Rien. C'était exactement la même vie. Seulement – et en apparence seulement ! – une vie plus recouverte, plus sombre, plus blessée.

Fort de cette observation – qui se faisait toujours malgré lui, dans une évidence dont il était le premier surpris –, il comprit également qu'en dépit des apparences, son divin cerf n'avait pas plus de valeur que le vieux chat de la marquise.

Là encore, c'était exactement la même vie, cette unique source qu'il avait reconnue tout à l'heure, et qui s'exprimait simplement dans deux couleurs différentes.

Quand le souper prit fin, il salua poliment la marquise, embrassa la comtesse, et partit se coucher.

Mais alors qu'il s'apprêtait à s'endormir, il comprit soudainement la profondeur de cette dernière illumination qui venait de s'incarner devant lui, à travers la vieille marquise.

« Durant toute mon existence, se dit-il, j'ai cru que la vie était dans l'honneur, la vaillance, l'amour, le sublime, la gloire, et j'ai prisé ces formidables valeurs comme l'or du monde. Mais ces valeurs sont apparentes. C'est la vie que j'ai aimée à travers elles.

Oui, c'est la vie que j'ai toujours aimée, et non ces valeurs, si grandioses soient-elles !

C'est la vie que j'ai aimée à travers le cerf, pas son éclat ou sa splendeur, comme c'est la vie que j'ai aimée ce soir chez la marquise, en dépit de sa méchanceté et de sa petitesse.

J'ai confondu la source avec la gloire, je me suis attaché à la gloire, j'ai cru aimer la gloire. Mais ce que l'on aime dans la gloire, c'est toujours la source, c'est toujours la vie, la vie qui seule la constitue ! »

Presque aussitôt, une nouvelle épiphanie le frappa comme une balle.

« S'il n'y a pas de gloire, il n'y a pas de source non plus ! songea-t-il. Mais simplement *vie* – et ce mot est encore de trop ! Vie ineffable, impossible, indicible ! »

Le gentilhomme était emporté par ses pensées comme par le galop d'un pur-sang.

« Mais oui ! reprit-il en lui-même. Je cherche depuis des mois la source des actes, mais il n'y a pas de source, comme il n'y a pas d'actes ! Sinon la vie serait encore un point, un objet, un fantôme ! »

Tout devenait désormais clair.

« Je comprends maintenant ce que voulaient dire les moralistes quand ils critiquaient les valeurs chevaleresques, poursuivit le gentilhomme. Ils voulaient tout simplement révéler que toute valeur, si grande fût-elle – et il existe des valeurs magnifiques, là fut leur aveuglement –, ne sera jamais qu'amour-propre si on croit qu'elle est supérieure à la vie elle-même, si on met la valeur de la vie dans une valeur !

Ils voulaient dire que la *vie* est par-delà la vie dégagée ou tragique, gratuite ou intéressée, superbe ou misérable.

Ils voulaient dire que la gloire est par-delà la gloire, que la liberté est par-delà la liberté. Voilà pourquoi ils déclaraient que la grâce ne pouvait être que d'un autre ordre. »

Un grand calme avait envahi le gentilhomme.

« Mais là où ils se sont trompés, c'est précisément en déclarant que la vie, la gloire ou la grâce ne pouvaient être que d'un autre ordre, quand il ne pourra jamais n'y avoir qu'un ordre, celui de la vie, de la gloire ou de la grâce !

Comment pourrait-il en être autrement ?

Et si l'on ne peut pas exprimer, si l'on ne peut pas saisir cette grâce, c'est précisément parce que nous sommes cette grâce, parce qu'il n'y a que cette grâce, du cerf à la marquise !

Comment pourrait-il en être autrement ?

Oui, nous ne pourrons jamais dire cette grâce, vivre cette grâce, ressentir cette grâce même, car il n'y a qu'elle, il n'y a que l'Indicible. »

Le gentilhomme sourit.

« Il n'y a même pas "l'Indicible", murmura-t-il. Il n'y a même pas "Il y a", il n'y a même pas "Il" d'ailleurs... »

— Que c'est beau... dit-il tout haut. Il demeura sans voix.

Il regarda son épée, souffla sa lumière, et toutes ces pensées disparurent avec lui dans la nuit.

Table des matières

pca
cmb
édition pré-presse
livres numériques

44400 Rezé

Dépôt légal : mars 2024 - N° imprimeur : 032478130

Imprimé en France par Présence Graphique - Monts.